현대신서
62

고대 그리스의 시민

클로드 모세

(파리 8대학 교수)

김덕희 옮김

東文選

고대 그리스의 시민

CLAUDE MOSSÉ
Le Citoyen dans la Grèce antique

© Éditions Nathan, 1993

This edition was published by arrangement
with Éditions Nathan, Paris
through Shinwon Literary Agency, Seoul

차 례

■ 서론 ·· 11

Ⅰ 그리스 도시국가의 기원과 시민 사회의 형성

1. 미케네 문명 ·· 14
   호메로스의 시 ··· 14
   미케네 문명의 발굴 ··· 14
   궁전 조직 ··· 15
2. 기원전 9세기말의 부활과 도시의 탄생 ················· 16
   문자의 재출현 ··· 17
   도시에 대한 오래된 자료 ·· 18
   아테네의 경우 ··· 19
3. 기원전 8세기와 6세기 사이, 도시의 변천 ············ 20
   토지 소유제의 위기 ··· 21
   지중해역에서 그리스의 팽창 ··································· 22
   아테네의 위기: 솔론 ·· 23
   스파르타의 경우 ·· 24
   참주 정치 ··· 25
4. 시민 공동체의 팽창: 평등 의식의 탄생 ················· 26
   군사적 요인 ··· 27
   아테네의 경우: 클레이스테네스의 개혁 ················· 28
   ● 토지세 제도 ──── 28
   ● 최하위 계층 시민의 민회 참여 ──── 29
   ● 클레이스테네스의 개혁 ──── 30

경제적 요인: 화폐의 발명 ——— 31

문헌 자료 ——— 33

II 시민의 자격

1. 시민 공동체 소속 기준 ——— 37
비자유인 배제 ——— 38
특정 직업 종사자 배제 ——— 38
극빈자 배제 ——— 39

2. 시민 공동체의 범주 ——— 40
부 족 ——— 40
- 이오니아인 ——— 40
- 도리아인 ——— 41
- 부족 제도의 변화 ——— 42

씨 족 ——— 43
데메(행정 구분) ——— 44

3. 출 생 ——— 45
도시에서 여성의 지위 ——— 45
결혼, 시민 사회의 기초 ——— 46
아테네의 시민 ——— 47
아테네 외 다른 도시의 시민 ——— 49

4. 시민권 취득의 다른 방법 ——— 49
합법적 방법 ——— 50
- 개인적 시민권 취득 ——— 50
- 집단적 시민권 취득 ——— 51

비합법적 방법 ——— 51
- 개인적 방법 ——— 51
- 집단적 방법 ——— 52

문헌 자료 ——— 54

III 시민의 소임

1. 시민권과 경제 활동 ——— 59
   토 지 ——— 60
   수공업 ——— 61
   상 업 ——— 61
2. 시민의 정치 활동 ——— 62
   민주정하의 정치 활동 ——— 62
   - 민중 집회 ——— 63
   - 시민 법정 ——— 64
   - 5백인 의회 ——— 65
   - 행정관 ——— 65

   과두정하의 정치 활동 ——— 66
3. 시민의 군사 활동 ——— 68
   중장 보병의 도시 ——— 68
   아테네의 경우 ——— 69
   시민 군사 활동의 한계 ——— 70
4. 시민의 종교 생활 ——— 72
   그리스 종교는 시민 종교 ——— 72
   시민의 종교 생활 ——— 74
   여성 시민과 종교 ——— 75

   문헌 자료 ——— 77

IV 적극적 시민과 소극적 시민

1. 참정권 박탈 ——— 82
   정치 활동 금지 ——— 82
   정치 혁명 ——— 83
   - 기원전 411년 혁명 ——— 84
   - 30인 정부 ——— 84
   - 기원전 322년 법령 ——— 85

2. 정치에 대한 무관심 — 86
민주정과 참여 — 86
통치 계급 — 88
- 솔론식 등급 제도 — 88
- 정치인 채용 — 89
- 통치 계급의 변천 — 90

'민중'의 소극적 역할: 신화인가, 현실인가? — 91

3. 기원전 4세기 시민 의식의 변천 — 93
시민 군대에 일어난 변혁 — 93
정치 활동의 **전문화** — 95
새로운 관심사 — 97

문헌 자료 — 98

V 시민권에 대한 이론적 고찰

1. '폴리테이아'에 대한 논의 — 103
헤로도토스의 《역사》 속의 **페르시아인**의 대화 — 104
5세기 후반 민주정에 대한 논쟁 — 105
소피스트 — 107

2. '파트리오스 폴리테이아' — 110
모델: 드라콘, 솔론, 클레이스테네스 — 110
- 드라콘 — 110
- 솔 론 — 111
- 클레이스테네스 — 112

'파트리오스 데모크라티아':
이소크라테스의 〈아레오파고스에 대하여〉 — 113

3. 이론가들의 저술 속의 시민 — 116
플라톤과 아카데미아 — 116
- 《국가》 — 117
- 《법률》 — 118

아리스토텔레스 ─────────────── 120
- 시민에 대한 정의 ──────── 121
- 법의 분석 ──── 123
- 이상적인 도시 ──── 124

문헌 자료 ─────────────────── 126

■ 결 론 ──────────────────── 131

기구에 대한 간략한 용어집 ─────────── 135
인명록 ──────────────────── 141
연대기 ──────────────────── 147
색 인 ──────────────────── 149

서 론

정치라는 말과 정치라는 형태를 **발명**한 것은 바로 그리스인들이다. 정치(프랑스어로 politique)라는 단어는, 흔히 **도시**라고 번역되는 그리스어 '폴리스(polis)'에서 유래되었다. 그리스인들은 이 단어를 정의하고자 할 때, '시민 공동체(koinonia tôn politôn)'라고 설명했다. 사실상 당시 그리스는 오늘날 우리가 생각하는 개념의 국가는 아니었다. 그리스는 독립된 많은 작은 국가들이 언어적·종교적·문화적으로 연결된 집합체였다. 그 중에서도 도시는 가장 잘 짜여진 조직이었다. 각각의 도시들은 완전히 독립된 고유한 제도와 법을 갖춘 하나의 정치 단위를 이루고 있었다. 실제로는 이와 다른 양상을 띠고 있는 경우도 있었는데, 어떤 도시들은 이웃 도시들, 혹은 동맹 관계에 있는 다른 도시에 대해 공식적으로 또는 비공식적으로 지배권을 행사하기도 했다. 그러나 그리스 도시들은 자치권을 매우 중요시했으므로, 외세의 적과 대치하는 상황을 제외하고는 그리스 세계의 정치적 통일이 이루어진 적은 결코 없었다.

그리스 도시는 일반적으로 바다에 인접한 적당한 면적의 도심을 중심으로 이루어져 있었다. 남부 이탈리아와 시칠리아, 흑해 연안에서 발견되는 그리스 식민 도시의 유적을 바탕으로 이상적인 그리스 도시의 형태를 그려 볼 수 있다. 기원전 8세기 중반부터 그리스인들에 의해 건설된 이 식민 도시들의 경우, 도시 건설 초기에 토지는 식민지 개척자들 사이에 분할되었는데, 이 분할은 도심 분할의 연장선상에서 이루어졌다. 다시 말하면, 도시와 시골은 단절되지 않았고, 도시는 토지에서 나오는 소득으로 생활하는 이들이 이루는 공동체의 정치적·종교적 중심지였다. 물론 이것은 본국의 경계를 **바다 너머로** 새로이 확장하고자 했던 이민들이 건설한 신도시들의 경우이다. 반면 오랜 세월에 걸쳐 탄생과 발전을 이룩한 본국 도시의 경우에는 이런 체계적인 면은 부족했다. 본국의 불안정한 도시 체계가 그리스인들을 해외로 진출하게 했던 만큼 식민 도시 개척 사업은 체계적으로 진행되었다. 그러나 본국 도시의 경우에도 우리가 다시 살펴보게 될 불안정한 상황에도 불구하고 일단은 도심과 시골 사이, 토지 소유와 시민 공동체의 소속감 사이에는 밀접한 관계가 있었다.

그리스 도시의 독창적인 면은 여기서 그치지 않는다. 그리스 도시에서는 무엇보다도 공동체 내부의 의사 결정에 모든 구성원이 참여했다. 비록 대부분의 경우, 부와 군사력과 종교적 권력을 장악한 소수층에 의해 발의된 안을 승인하는 데 그쳤다 하더라도 말이다. 어떤 면에서 보면, 그리스 도시의 역사는 바로 이 소수층이 점진적으로 확대되어 간 과정이라고도 할 수 있다. 확대란 기원전 5세기부터 민주정하의 아테네에서 보듯이, 이 소수층이 모든 공동체 구성원을 포함하게 될 때까지를 말한다. 이렇게 2세기에 걸친 변천을 겪은 후 시민은 지상의 권리를 갖게 되었고, 시민이라는 **소임**은 현실이 되었다. 마케도니아에 정복되어 도시가 자치권의 일부를 포기하고, 시민이 이 지상의 권리를 일부 포기하게 될 때까지 말이다.

I

그리스 도시국가의 기원과 시민 사회의 형성

그리스 도시의 기원에 대한 문제는 역사가들에게 많은 논쟁거리를 제공했다. 이제는 그리스어라고 부르는 언어를 사용하는 민족이 발칸 반도에 도래한 것이 기원전 2000년초라는 견해가 거의 확실시되고 있다. 그러나 이러한 민족의 이주가 어떻게 이루어졌는가, 또한 그 이전에 그리스라고 부르는 이 땅에 살았던 민족은 어떻게 되었는가 하는 문제에 대한 답은 알 길이 없다. 이 문제에 대한 설명을 해줄 수 있는 흔적이 남아 있긴 하지만, 그 해독이 쉽지 않다. 그리고 그리스인들 자신이 자신들의 근원에 대해 말해 주는 이야기들이 있기는 하나, 그 이야기들은 대개 후손들이 자신들의 야망을 정당화하기 위해 재구성한 것이다. 한 가지 확실한 것은 중앙집권적 형태의 국가는 없었고, 기원전 7세기부터 반도의 곳곳을 중심으로 화려한 문명을 꽃피웠다는 것이다. 그 중심지의 이름, 즉 펠로폰네소스의 북동쪽 아르골리스 지방에 있는 도시 미케네의 이름을 따서, 이를 우리는 미케네 문명이라 부른다.

1. 미케네 문명

호메로스의 시

 이 문명에 대해 우리가 관심을 갖게 된 것은, 그리스어로 씌어진 최초의 문학 작품에 심취한 독일인 사업가 하인리히 슐리만 덕분이다. 그것은 바로 그리스인들이 호메로스의 작품이라고 하는 두 장편시, 《일리아스》와 《오디세이아》이다. 《일리아스》는 미케네 왕 아가멤논의 통솔하에 모인 그리스인들이 아시아의 도시 트로이를 상대로 한 전쟁을 그리고 있다. 아가멤논의 동생 메넬라오스가 트로이 왕의 아들에게 아름다운 아내 헬레네를 빼앗기면서 받은 모욕을 복수하는 이야기이다. 《오디세이아》는 아가멤논의 동료인 이타카의 왕 오디세우스가 겪는 역경을 그리고 있다. 오디세우스는 목마를 이용한 속임수로 토로이를 정복한 후에도 10년 동안 바다 위를 떠돌며 온갖 우여곡절을 겪은 후에 자신의 고향으로 돌아가 정숙한 아내 페넬로페와 재회하게 된다.

미케네 문명의 발굴

 아가멤논과 그 동료들의 흔적을 찾기 위해 슐리만은 1874년 미케네 유적지를 발굴하게 했다. 그 결과 성채와 무덤의 잔재가 햇빛을 보게 되었는데, 무덤 속에는 많은 부장품과 금제품, 그리고 그로부터 반세기가 지나서야 해독이 가능했던 글씨들이 가득 적힌 서판들이 들어 있었다. 슐리만은 자신이 아가멤논의 궁전을 발견했다고 확신했었다. 그러나 일이 그렇게 간단하지만은 않았다. 서판을 해독한 결과, 호메로스 작품 속에 묘사된 영웅들이 과연 펠로폰네소스 지방과 그리스 중부 지방에서 그리고 미케네에서 진행된 발굴 작업에서 나온 유적들이 보여 주는 권력만큼 대단한 권력을 가졌었는지에 대한 의혹이 증폭되었다.

궁전 조직

무엇보다도 문서 기록관들의 관료 체제가 존재했다는 사실은 복잡한 사회 구조가 있었음을 조심스럽게 시사하고 있다. 이러한 관료 체계의 존재는 미케네가 호메로스의 시를 통해 추측해 보듯 다소 원시적인 사회였다기보다는, 고대 동방의 어느 국가에라도 비견될 만한 궁전 조직을 가진 사회였다는 사실을 말해 준다. 호메로스는 분명 먼 과거를 거슬러 올라 자신에게까지 전해 온 전통을 이야기하고자 했다. 그러나 **호메로스의 세계와 미케네 세계** 사이의 연관성은 희미해 보인다. 게다가 고고학적 연구가 진행되면서, 미케네 문명의 영향력이 순수하게 그리스라고 부르는 지역 외에 그 밖에까지 미쳤으며, 미케네 **왕**들은 자신의 궁전과 주변 영토를 지배했을 뿐만 아니라 기원전 14세기에 점령한 것으로 보이는 크레타 · 이집트 · 시리아 · 지중해 서쪽 지역과도 관계를 유지하고 있었다는 사실도 알게 되었다. 또한 많은 미케네 궁전들이 기원전 13세기에 갑자기 파괴되었다는 것, 동시에 물질 문명도 빈약해졌다는 것, 문자 사용이 사라졌다는 것, 인구 또한 감소했다는 것들도 알게 되었다. 오늘날에는 새로운 침입자가 밀려와서 미케네 문명이 종말을 맞았다고 오랫동안 간주해 오던 것을 부인하는 경향이 있다. 모든 미케네 궁전들이 사라진 것은 아니었으며, 미케네 문명의 흔적은 그후 1세기 동안 지속된 것으로 보인다. 그러나 미케네의 요충지들이 파괴된 시기부터 그리스 도시가 **탄생**하기까지를 고고학자들은 여전히 **암흑기**라고 부르고 있다. 이들 도시의 탄생은 엄밀히 말해서 **부활**이라고 부르는 편이 나을 것이다. 미케네 시대에 이미 사람들이 거주했던 곳에 다시 새로운 건축물들이 들어섰기 때문이다. 그러나 문제는 그렇게 단순하지 않아서 많은 논쟁의 주제가 되어 왔다. 여기서는 몇 가지 일반적인 점을 지적해 보기로 하자.

2. 기원전 9세기말의 부활과 도시의 탄생

고고학적 연구를 통해 기원전 9세기말부터 건물이 늘어났고, 동시에 동방과의 교역이 재개되었으며, 이어 문자가 다시 사용되었고, 기원전 8세기 중엽부터는 그리스가 지중해 서안으로 팽창하였으며, 이어서 지중해 동안으로도 진출했다는 것을 알 수 있다. 건물들 중 일부는 미케네 문명의 전성기에 건물들이 있었던 곳에 다시 세워졌다. 그리고 또한 제물이 많이 모이는 성전이나 묘역 주변에 다른 건물들이 들어섰다. 묘지에서 발굴된 유물들이나 제물들을 보면 이 사회가 군사적 성격을 가진 사회였음을 알 수 있다. 군인들이 그들 주변의 사람이나 농민들보다 강한 권력을 가졌고, 더 부유했던 것으로 보인다. 하지만 군인과 농민들 사이에 큰 차이점은 발견할 수 없으며, 무엇보다도 미케네 사회와 같은 복잡한 사회 구조를 연상시키는 것은 발견할 수 없다.

문자의 재출현

정확한 시점은 알 수 없으나, 말없는 고고학적 자료를 기초로 가정해 볼 수는 있다. 이런 가정은 이를 보강해 줄 다른 근거가 없으면 종종 위험한 것이 될 수도 있지만, 이를 신중하게 뒷받침해 줄 만한 몇 가지 증거가 있다. 우선 문자의 재출현인데, 이 문자는 이전의 문자와는 성격과 용법이 다르다. 선문자(線文字) B인 미케네 문자는 음절문자였던 반면, 새로운 문자는 그리스인들이 페니키아인들에게서 빌려다 모음을 더한 알파벳문자(단음문자)였다. 새로운 문자는 유연하고, 쓰기 쉽고, 배우기도 쉬우며, 그 용도 또한 다양했다. 이 문자는 계산을 할 때도 쓰였고, 시인들의 시가를 옮겨 적거나 법률을 공표하는 데도 사용되었다. 오랜 구전의 전통을 가진 웅장한 시, 다시 말하면 서사시가 이 문자로 해서 생겨난 것은 우연이 아니었다. 이 시들은 우럽에서 내려온 그리스인들이 미케네가 멸망한 후 이주해 간, 소아시아의 그리스에 살았던 호메로스라고 불리던 한 시인이 문자로 옮겨 적었고, 그후 그리스 민족의 지식적 기반이 되었으며, 에게 해 주변국에까지 널리 퍼져 나갔다. 현대 비평가들 사이어 호메로스의 시를 역사적으로 어떻게 해석해야 할지에 대해 의견이 분분하다는 것을 이미 언급한 바 있다. 하지만 중요한 것은 이 시는 호메로스가 살았던 시대보다 수 세기 전 그리스와 트로이 사이에 있었던 전쟁을 주제로 한 문학 작품이라는 것이다. 이 전쟁이 실제로 있었던지, 상상 속에만 존재했던지간에 말이다. 그러나 모든 문학 작품은 현실의 일부를 담고 있는 법이다. 호메로스가 묘사한 사회가 미케네 무덤 속에서 나온 서판들이 보여 주듯이 미케네 사회도 아니고, 호메로스 자신이 살았던 사회도 아니라 하더라도, 이 사회는 역사가 모제스 핀리가 지적하듯이 이 두 사회 모두를, 즉 도시국가들이 탄생하기 전 암흑기의 사회를 나타내고 있는 것이다.

도시에 대한 오래된 자료

그러므로 《일리아스》와 《오디세이아》에서 **도시의 모습**이라고 부를 수 있는 사실들이 처음으로 나타난다는 점은 매우 흥미롭다. 《일리아스》에 그 유명한 아킬레우스의 방패에 대한 장면이 있는데, 여기서 보면 서로 상반된 의견을 가진 두 집단이 대결하고 거기에 대해 판결을 내리게 된다. 또한 모든 그리스 전사들이 모인 가운데 왕들이 대표 회의를 구성하고, 의장인 아가멤논이 회의를 주재하는 부분도 있다. 《오디세이아》에는 텔레마코스와 그에게 왕위 계승을 요구하는 사람들이 벌이는 토론의 장에 수동적으로 참여하고 있는 이타카의 민중에 대한 언급이 있으며, 페아키아의 도시 쉐리아의 광장에 모인 왕들과 원로들의 회의에 대한 이야기도 있다. 여기서 도시의 정치 제도의 공통적 특성이 될 사항들이 형성되는 것을 볼 수 있다. 즉 도시의 중심 공간인 광장(아고라)에서 이루어지는 민중들의 집회와 초기에 유일하게 실제적인 결정권을 가지고 있었던 제한된 인원의 의회를 볼 수 있다. 이 의회는 원로들과 왕들과 행정관들(호메로스의 시에 나타난 **왕들**)로 구성되었는데, 공동으로 내린 결정을 실행했으며, 분쟁을 해결했다. 또한 전시에는 군사 지휘를 맡았고, 제사를 주관하기도 했으며, 재판권도 갖고 있었다.

아테네의 경우

이 도시의 정치 제도에 대해 어떤 상세한 설명 자료도 가지고 있지 않지만, 아리스토텔레스가 쓴 것으로 알려진 기원전 4세기의 《아테네 헌법》이라는 문헌에서 아테네의 제도 설립 전통에 대한 흥미로운 이야기를 찾아볼 수 있다. 아테네는 사실상 미케네 시대에는 미케네나 필로스만큼 중요한 곳은 아니었지만, 기원전 8세기말에 있었던 멸망을 부분적으로나마 면한 궁전이 있었던 독특한 장소이다. 아크로폴리스에 위치한 궁전이 오랫동안 보존되었고, 다른 지방으로부터 쫓겨 온 그리스인들의 피난처 역할을 했다. 그래서 아테네에서 주변의 섬과 소아시아 해안으로 인구이동이 있었고, 고전기에는 이오니아인이라는 공통된 민족 기원을 내세우며 아테네인들이 이 섬들과 해안에 대한 야심을 드러내기도 했다. 이 도시의 정치 기구(archaia politeia)에 대해 《아테네 헌법》의 저자가 서술한 내용을 보면, 아르카이즘 시대와 고전기에 왕권이 관리들에게로 옮겨갔다는 추측을 하게 된다. 왕은 처음에는 군사령관에게 병권을 내주고, 다음에는 사법권을 집정관(아르콘)에게 내주고, 자신은 제사장으로서의 권한만 갖게 되었다. 그리고 이 관직들은 처음에는 종신제였으나, 그후 10년 임기제로, 다시 1년 임기제로 바뀌었다. 구왕권제에서 파생된 3인의 관리 외에 6인의 입법관(테스모테타이)이 더 생겨났다. 이들은 법적 효력을 지니는 사법적 결정안(테스미아)을 작성·공표했다. 매년 선출되는 이 관리들은 도시의 최고 관리인 9인의 집정관단을 형성했다. 임기가 끝난 집정관들은 헌법을 수호하는 최고 법정인 아레오파고스 재판소의 위원이 되었다. 《아테네 헌법》의 저자는 집정관과 그들이 구성하는 아레오파고스 재판소의 위원들은 최상류 귀족(에우파트리다이)과 가장 부유한 사람들 중에서 선출되었다고 한다. 그리고 이 부자들은 무엇보다도 토지에서 부를 축적한 사람들이었다.

도시 탄생 초기의 사회 구조에 대해 정확히 설명할 수 있으면 좋겠지만, 앞서 말했듯이 고고학에서 얻을 수 있는 자료가 많지 않다. **최상류 귀족**들은 호메로스의 시에 등장하는 영웅들의 후손임을 자처하면서 조상들의 뛰어난 재능을 가지고 있는 듯이 보이고 싶어했다. 무덤과 항아리에 그려진 그림을 통해 그들의 생활 양식과 무기·장신구에 대해 조금 알 수 있다. 그러나 이것은 아주 미미한 정도이고, 무엇보다도 아르카이즘 시대에 사회가 어떻게 변화해 갔는지 아는 데는 도움을 주지 못한다.

3. 기원전 8세기와 6세기 사이, 도시의 변천

그리스 도시들이 기원전 9세기말에 출현했다고 인정한다면, 이 도시들은 일련의 위기를 거치면서 천천히 시민 사회를 형성했을 것이다. 그 과정을 재구성해 보는 것이 쉽지 않을 뿐만 아니라, 전체 그리스 도시에서 동일한 속도로 변화하지는 않았다는 점도 고려해야 한다. 게다가 각 도시에 대해 우리에게 남아 있는 자료는 균일하지도 않고, 그 성격도 제각각이다. 무엇보다도 아르카이즘 시대 3세기 동안의 중요한 역사적 사건들은 대부분 그

시대가 지난 후 수십 년 혹은 수 세기 후에 씌어진 자료를 통해서만 알 수 있다. 예를 들면 그리스의 주요 도시들에 대한 많은 정보를 헤로도토스에게서 얻고 있다. 그러나 그는 자신이 살았던 기원전 5세기 중엽의 정치 현실을 정당화하기 위해 뒤늦게 만들어진 역사를 듣고 널리 퍼뜨렸을 뿐이다.

토지 소유제의 위기

그러나 아르카이즘 시대에 그리스 세계에서 일어난 중요한 변화를 밝히고자 한다면 시민 공동체의 팽창에 기여한 요인들, 즉 토지 문제를 우선적으로 살펴보아야 할 것이다. 처음에는 가장 좋은 토지를 소유한 사람들만이 시민 공동체를 구성했을 것임은 의심의 여지가 없다. 대부분 농민으로 구성된 백성은 대체로 부자유로운 상태였을 것이다. 일종의 농사와 종교 달력 같은 헤시오도스의 시 《노동과 나날》을 보면, 농민의 생활 여건이 불안정했다는 사실과 생존을 위해 이웃의 부자 농민에게 돈을 빌린 가난한 농민이 노예가 될 위험에 빠졌었다는 사실을 알 수 있다. 그보다 늦게 씌어진 자료들에도 역시 농민의 부채와 이를 갚기 위해 농민들이 노예가 되는 것, 특히 기원전 7세기말 아테네의 상황이 나타나 있다. 극빈 상황에 있는 농민들은 당연히 아고라에서 매우 불규칙하게 열렸던 민중의 집회에 참여할 수 없었을 것이고, 전체 공동체에 관련된 결정은 **좋은 집안** 출신의 원로들로 구성된 의회에 의해 이루어졌을 것으로 추측된다. 비록 아테네의 농민들이 원칙적으로는 자유 신분이고 스파르타의 느예와 같이 종속되어 있지는 않았다고 하더라도, 빚 때문에 노예로 전락할 수도 있는 위험에서 벗어나기는 어려웠을 것임을 자료들을 통해 알 수 있다.

지중해역에서 그리스의 팽창

위와 같은 상황은 기원전 7세기 중엽부터 그리스인들이 지중해역에서 보인 확산 움직임을 설명해 준다. 고대 자료에 의하면 토지가 협소했기 때문에 그리스인들이 새로운 땅을 찾아 이주할 수밖에 없었다고 한다. 물론 다른 이유도 작용했을 것이다. 여러 요인들(금속 재료의 공급, 전략적 상업적 통로의 확보와 같은 문제)이 식민지 위치 선택에 작용하기는 했겠지만, 농산물 생산성이 높은 비옥한 토지(남부 이탈리아, 키레나이카(오늘날 동부 리비아), 크리미아 지방)에 새로운 식민지의 위치를 설정한 것이라든가, 식민지 경영자들 사이에 토지 분배가 원활한 곳을 택한 것을 보면, 토지 부족이 그리스 팽창의 주요 원인이었음을 알 수 있다. 그리스의 식민지 정책이라는, 우리가 적절하지 못한 표현을 빌려 지칭하는 사건으로 지중해 주변에 새로운 도시들이 탄생했다. 이 도시들은 국가라는 독특한 형태의 전형적인 모습을 보여 주었다. 아고라 주변에 도심이 집중되었고, 항구가 있었다. 또한 새로운 시민들은 토지를 나누어 가졌고, 토지 획득 사실에 신을 결부시키기 위해 시내와 도시의 경계선에 신전을 세웠다.

그리스의 팽창이 근본적으로 새로운 토지 개척의 필요성에 부합한 것이기는 했으나, 이런 팽창은 본국의 토지 부족 현상과 무엇보다도 본국 농민들을 빈곤과 예속 상태로 빠뜨린 불균등한 토지 분배의 문제점을 해결하지 못했다. 그래서 그리스 전역을 강타했던 것으로 보이는 위기가 발생했다. 이 위기에 대해 우리는 몇 가지 꽤 구체적인 사건들을 알고 있다.

아테네의 위기: 솔론

아테네의 경우가 가장 잘 알려져 있다. 《아테네 헌법》의 저자에 의하면, 기원전 7세기말 도시의 위기가 극에 달했다고 한다. 그때 빈민은 토지의 대부분을 소유한 부자들에게 예속된 상태였다. 이들 빈민은 두 부류로 구별되었던 것으로 보인다. 한 부류는 '헥테모로이(hectémoroi)'로 자신이 경작한 토지 생산량의 6분의 1을 토지 소유주에게 지불하는, 다시 말해 토지에 대한 권리는 없으나 실제로는 소유자와 같은 일종의 강요된 소작인으로 보인다. 다른 한 경우는 '펠라타이(pelatai)'로 가난한 농민인데, 이들은 빚에 시달리면서 빚을 갚지 못할 경우 노예 상태로 전락할 위협에 처해 있었다. 헥테모로이가 이런 상황에 처하게 된 기원에 대해서는 분명히 밝혀진 바가 없다. 그러나 도시의 단결을 위협하는 중대한 위기가 있었는데, 기원전 594년의 집정관이었던 솔론의 중재로 해결이 되었다고 한다. 솔론은 헥테모로이의 토지에 이들이 소작인임을 나타내기 위해 세워졌던 표시를 제거해 헥테모로이를 없앴고, 빚을 갚기 위해 노예가 되는 일을 금지했다. 그리고 그는 아테네의 성문법(드라콘 법전)을 개정해 새로운 법전을 만들어 만인에게 평등한 법을 실현했다. 그러나 솔론은 일부 농민이 주장한 시민 토지의 균등한 분배는 거부해, 후에 새로운 문제가 발생하게 되는 원인을 남겨 놓았다. 그러나 일단 그는 새로운 기반 위에 시민 공동체를 재정립했다. 솔론을 아테네 민주정의 시조로 여기는 것은 경계해야 하지만 모든 아테네 시민들이 법 앞에 평등하게 되었다는 점과, 아직 진정한 의미의 시민이라고 말할 수는 없지만 그들이 자유인이 되었다는 점은 확실하다.

스파르타의 경우

아테네 이전에 다른 한 도시도 역시 유사한 위기를 겪었는데, 이 도시는 솔론이 아테네에서 행한 것과는 다른 방법으로 위기를 해결했다. 이 도시가 바로 스파르타이다. 많은 고대인들이 이 도시의 훌륭하고 독특한 성격을 강조했지만, 이 도시의 역사는 아직 역사가들에게 수수께끼로 남아 있다. 스파르타는 그리스 민족을 구성하게 되는 마지막 이주민인 도리아인들이 건설한 것으로 보인다. 고대 역사가들의 서술에 의하면, 스파르타를 건설한 도리아인들은 라코니아 지방(스파르타 주변 지방)의 원주민을 예속된 농민, 즉 헬로트(helot)의 상태로 전락시켰다. 바로 이런 전통이 도시의 단결을 위협하는 혼란으로 이어지자, 입법자 리쿠르고스는 라코니아의 토지를 분할해 9천 명의 스타르타인들에게 균등히 분배했다. 이 몫은 전체 스파르타인들의 공동 소유인 헬로트들에 의해 경작되었다. 리쿠르고스는 또한 델포이 신전의 신탁 형태로 된 헌법을 제정했다. 이 헌법에서는 도시가 탄생될 때부터 있어 온 두 왕조 출신의 두 왕과 28인의 종신제 원로들로 구성된 원로원(게루시아)과 민중 의회(아펠라) 사이에 도시 권력을 분산시킬 것을 명시했다. 민중 의회는 초기에는 절대적이었으나, 나중에는 자문 기구가 되어 왕이나 원로들이 해산시킬 수 있는 기구가 되었다. 리쿠르고스의 개혁의 역사적 가치, 토지의 균등 분배, 위대한 레트라법 혹은 신탁에 의한 왕과 원로들, 긴중 의회 사이의 권력 분산에 대해서 역사가들은 많은 문제를 제기했다. 이런 전통이 생겨난 여건에 대해 설명하기 위해서, 그리고 이것들을 스파르타의 역사에 대한 부족하기 짝이 없는 지식들과 짜맞추기 위해서 여러 가지 가설이 주장되었다. 고전주의 시대와 그 이후의 역사가들에 의해 서술된 이러한 스파르타의 제도가 단 한 명의 입법자가 이루어 낸 업적인가 하는 사실에 대해 일반적으로 의문을 갖는다. 고대에도 이미 리쿠르고스라는 인물과 그가 살았던 시기에 대해 의문이 제기되었다. 마찬가지로 라코니아의 균등한 토지 분배도 믿기 어려울 뿐 아니라, 이 제도가 어떻게 수 세기 동안 지속될 수 있었는지도 알 수 없다. 기껏해야 스파르타가 라코니아와 인접한 비옥한 땅 메세니아를 정복해 그 원주민을 헬로트로 만들고, 땅은 정복자들이 동평하게 나누었다는 것을 추측할 따름이다. 그렇다면 기원전 7세기말이나 6세기초에 두 가문에서 왕이 배출되는 전통을 제외한 다른 스파르타의 제도들은, 아르카이즘 시대의 아테네·이타카·페아키아에서 보여진 일반적인 구도로 정착된 것이 확실하다. 즉 행정관(여기서는 왕), 제한 의회, 그리고 거의 소집되지도 않으며 권력도 없는 민중 의회의 구도로 이루어졌다.

참주 정치

위기는 다른 도시에서는 때와 장소에 한정된 것이기는 했지만, 그리스 도시국가들의 발전에 중요한 역할을 한 것으로 보이는 어떤 현상, 바로 참주정을 불러왔다. 먼저 우리는 참주(티라

노스)를 도시의 지배자가 되기 위해 하층민들과 결탁하고, 권력 유지를 위해 정적을 죽이고 자기 편의 권력조차 짓누르는 공포 정치를 하는 야심가로 묘사하는 전통이 생겨난 배경을 검토해 볼 필요가 있다. 그리스인들의 생각 속에서 참주란 존재는 무엇보다도 반(反)시민이다. 그는 시민 공동체의 권리를 독점하고, 자신이 굴복시킨 공동체 위에서 군림한다. 그러나 현실에서는 그 상황이 복잡하다. 참주라는 존재는 사회의 권력 다툼의 기저에서 생겨난 산물이자 도시를 지배하던 귀족 사회 내부에 있어 온 경쟁 의식의 산물이기도 하다. 아테네의 경우로 돌아가 헤로도토스와 《아테네 헌법》의 저자의 말을 들어 보면, 페이시스트라토스의 참주정은 솔론이 행한 개혁의 불공평한 성격으로 인한 불만과 솔론이 토지를 재분배하여 위기를 해결하지 않은 데서 온 결과이며, 몇몇 대귀족 가문들 사이의 불화가 가져온 사태였다. 페이시스트라토스는 능수능란하게 상황을 이용했다. 그는 기존의 제도와 솔론의 법을 유지하면서, 자신의 절대 권력을 사용하여 가난한 농민들에게 물질적인 도움을 주었다. 동시에 도시의 단결을 강화하고 물질적인 발전을 유도했다. 그의 통치기는 아테네가 다른 도시국가들보다 월등히 우세한 위치로 올라서 에게 해의 정치적·문화적·경제적 주도권을 장악하게 되는 시발점이 되었다.

4. 시민 공동체의 팽창: 평등 의식의 탄생

기원전 6,7세기 귀족 사회의 기반을 흔들어 놓은 토지의 위기 속에서, 입법 의원들과 참주가 활약한 덕분에 다수의 농민이 보다 나은 생활 수준과 신상의 독립을 누리게 되었다. 그러나 이렇게 얻어진 자유와 병행하여 참정권이 다소 능동적인 조절 단계로 나아가게 되는 과정을 이해하기 위하여, 다시 말하자면 어떻게 민중이라는 단순한 백성이 최고 계급인 귀족의 편을 들어서 그들과 동일한 시민 공동체에 편입하게 되었는지를 알기 위해서는 다른 상황들을 고려해 보아야 한다.

군사적 요인

결정적인 요인은 우선 군사적인 것이다. 앞서 우리는 초기의 도시는 공동체를 방어할 말과 무기를 소유한 전사 귀족으로 이루어졌다고 정의했다. 그러나 도시의 발달과 더불어 각각의 도시들은 인접 도시들에 의한 영토 잠식을 막기 위해 전쟁 기능을 확충하기에 이른다. 여기에 무기를 갖출 수 있는 사람들을 모두 끌어들였다. 그 무기란 바로 중장 보병(호플리테스)의 중장비를 말하는 것이다. 이와 관련해서 이전의 무질서한 전투나 검을 휘두르는 영웅들의 결투를 대신하는 **보병 혁명**이 언급되곤 했다. 보병들이 여러 줄의 대열을 이루어, 왼손으로 움켜쥔 그 유명한 원형 방패 뒤로 몸을 숨기며 밀집 대형을 구성했던 것이다. 보병 부대의 창설이라는 사실 외에도, 보병 부대란 보다 많은 수의 전사를 필요로 하게 되므로 중요한 결과를 낳게 되었다. 즉 보병 부대에서는 모든 전사가 서로 역할을 바꿀 수 있었으며, 그 결과 그들은 평등했던 것이다. 승리하면 전리품을 균등하게 분배했는데, 전리품이란 주로 무기·가축·땅이었다. 보병 부대의 대열이 늘어남에 따라 평등 의식도 발달되어 갔다. 전리품의 균등한 분배는 정치 권력의 균등한 분배로 이어졌다. 물론 이런 일들이 그리스 도시 어디서나 이렇게 간단히 진행되지는 않았다. 예를 들면 스파르타에서는 시민권이 군사 기능과 맞물려 있었다. 스파르타 시민은 일단 군인이었다. 그들은 노예를 고용함으로써 경제 활동에서 자유로울 수 있었다. 다른 도시에서는 보병 무기를 갖춘 자들만이 의회에 참여할 수 있었고, 민중이란 무장한 시민을 뜻하기도 했다. 이런 점에서 우리는 최소한 보병 부대가 주도하는 도시를 실현 가능한 이상적 도시로 여긴 아리스토텔레스의 말의 의미를 이해할 수 있다. 아테네에서는 그 발달 과정이 더욱 복잡했다. 완전히 믿을 수 있는 정보는 아니지만, 그래도 가장 많은 정보가 남아 있는 아테네의 경우를 검토해 보기로 하자.

아테네의 경우: 클레이스테네스의 개혁

위에서 솔론이 해결책의 단초를 제시한 아테네의 위기와, 이 도시의 급격한 발전을 가져온 페이시스트라토스의 참주정에 대해 언급했다.

- 토지세 제도

《아테네 헌법》의 저자가 언급한 바에 의하면, 솔론은 아테네 시민을 그들의 소득에 따라 네 종류의 토지세 계층으로 분류하려고 했다. 상위의 두 계층은 구귀족에 해당한다. 세번째 계층은 보병 무기를 갖출 수 있는 유복한 농민이었고, 최하위 계층은 소득이 곡류 2백 되 이하인 사람들이었다. 고전기에는 이 최하위 계층은 시민 공동체의 절반 가량을 차지하며, 배에서 노 젓는 일을 주로 했다. 《아테네 헌법》의 저자에 의하면, 최하위 계층에 속하는 시민은 관직에 나갈 수는 없었지만 의회와 법정에서 오른편에 앉았다. 이 기록대로라면 기원전 6세기초 아테네에서는 완전한 시민권이 보병 무기를 갖춘 사람들에게만 국한된 것이 아니었다는 것을 알 수 있다. 그러나 여기서 두 가지 사실에 주목해야 한다. 한 가지는 민중들의 집회가 자주 열리지 않았다는 점이고, 또 한 가지는 민중의 집회는 아레오파고스 재판소 회의에서 결정한 사항을 인정하는 역할이 고작이었다는 것이다. 아레오파고스 재판소는 이미 언급한 바와 같이 귀족들만으로 구성되어 있었다. 그리고 한 가지 덧붙이자면, 솔론을 민주주의의 창설자 중 한 사람으로 보는 기원전 4세기의 역사가의 시각에서 본 솔론의 개혁에 대한 평가를 경계해야 한다. 그가 토지세에 의한 계층 제도를 설립한 것이 사실이라면, 그것은 정치 권력의 배분말고도 다른 이유가 있었을 것이다. 예를 들자면 군사적 혹은 재정적 이유와 같은 것들 말이다.

• 최하위 계층 시민의 민회 참여

최하위 계층 시민이 집회에 참여하게 된 것은, 어느 입법자가 주도한 개혁의 결과라기보다는 기원전 6세기경 아테네의 역사를 장식한 혼란, 특히 페이시스트라토스의 집권 시기에 있었던 여러 가지 위기들 덕분이다. 페이시스트라토스는 자신이 보호하고 있는 시골의 보잘것없는 백성들뿐만 아니라, 수공업과 도시의 발달로 비중이 커져 가는 도시인들의 지지에도 의존했다. 그리고 헤로도토스에 의하면, 바로 이 민중들을 페이시스트라토스가 실권한 후 귀족이었던 클레이스테네스가 정적들을 제거하기 위해 **자신의 동료로 끌어들였다**고 한다.

- 클레이스테네스의 개혁

그러나 클레이스테네스가 새로운 참주정을 편 것은 자신의 이익을 위한 것은 아니었다. 그가 민중의 힘에 의존했다면——《아테네 헌법》의 저자가 말하듯이——그것은 바로 민중들에게 권력을 넘겨 주기 위해서였다. 우리는 아직 그 동기는 모른다. 아테네의 명문 알크마이온 출신의 그가 왜, 시민의 법적 평등권에 구체적인 기반을 제공하는 방식으로 시민 사회 공간을 재편성하면서 아테네 사회의 구조를 전복시켰는지 모른다. 그는 아티카 지방의 세 지역, 즉 도시·해안 그리고 내륙 지방 안에 있는 구역들을 10개의 부족으로 재편성해 시민들을 배치했다. 《아테네 헌법》의 저자는 **민중의 보호자** 역이 된 클레이스테네스의 입장을 설명하면서, 참주의 몰락에 있어 알크마이온 가문의 역할을 강조한다. 그러나 이 설명에서 우리는 기원전 4세기 그리스 사회에 대한 설명을 들을 수 있다. 즉 참주정의 몰락이 민주정의 승리로 해석될 때, 이 몰락을 주도한 자들은 스파르타의 왕 클레오메네스의 지원을 받는 아테네의 귀족들이었다는 사실이다. 클레이스테네스가 이렇게 시민 사회의 구조를 전복시키게 된 이유가 무엇이든간에 그의 이런 행위가 아테네 시민 사회의 탄생에 기여한 것은 사실이다. 그리고 이 시기에 아테네와 그 주변 지역에 살고 있었지만 아테네 시민 사회에는 끼어들 수 없었던 자유인들(팽창 일로에 있는 도시에서 자신의 사업을 하며 살기 위해 온 수공업자들, 경제성 있는 교역이 활발한 곳에 흥미가 있는 상인들 등……)을 위해 거류 외국인·체류 외국인이라는 지위가 확립되었다.

경제적 요인: 화폐의 발명

여태까지 가장 결정적인 요인으로 꼽혀 왔던 요인은 바르 경제적인 것이다. 기원전 8세기에서 6세기까지 그리스 세계에서 상공업의 발달이 눈부시게 진행되었음은 의심할 나위가 없다. 그 예로 지중해 연안의 어디서나 발견되는 아름다운 도자기의 양을 생각해 보면 될 것이다. 처음에는 코린토스가 도자기의 주생산지였으나, 그후에는 아테네가 주생산지가 되었다. 이렇게 생산된 도자기의 많은 부분은 수출되어 그리스에서 생산되지 않는 금속이나 곡식, 그리고 예속 농민의 해방 후에 그 수요가 높아진 노예와 교환되는 화폐의 구실을 했다. 이런 교역은 곧 훌륭한 교환 수단인 화폐의 발명으로 더욱 촉진되었다. 몇몇 그리스 도시에서 화폐를 주조하기 시작한 것은 기원전 7세기부터였다. 사실상 리디아[소아시아의 고대 국가]에서 빌려 온 이 화폐라는 것의 필요성에 대해 생각해 보자. 이는 지중해 연안의 교역량의 증가가 가져온 당연한 결과라는 점은 익히 알려져 있다. 이 점은 아리스토텔레스가 이미 확인해 주었다. 그러나 좀더 복잡한 정치적·윤리적·사회적 이유를 개입시켜 보자. 일단 다양한 필요를 만족시켜 주기 위해 발명된 화폐는 아테네를 비롯한 몇몇 도시에서는 없어서는 안 될 교역의 우선적 수단이 되었다. 그런데 이런 경제적 변화가 사회 변천에 어떤 영향을 주었는지를 정확히 말하기는 매우 어렵다. 왜냐하면 이런 경제적 변화를 만들어 낸 주역은 시민 사회에 속하지 않은 사람들이었기 때문이다. 앞서 우리는 아테네에 이주해 온 수공업자들과 상인들로 해서 도시의 지역적

발달이 이루어지고, 노예와 곡식의 공급을 유지해 줄 필요성이 증대되는 것을 보았다. 그래서 도자기 생산이 크게 증가했는데 처음에는 검은 그림의 도자기가, 그후에는 붉은 그림의 도자기가 생산되었다. 또한 라우리온의 은광이 다시 채굴되기 시작했고, 아테네에서 첫 화폐인 그 유명한 **올빼미** 주화가 만들어졌다. 이 동전은 앞면에는 아테나 여신의 그림이, 뒷면에는 여신의 동반자인 올빼미가 그려져 있다. 그러나 다시 한 번 말하지만, 이런 상공업 활동의 팽창은 구귀족들을 대치할 만한 상공업 부르주아들의 탄생으로 이어지지는 않았다. 왜냐하면 많은 수의 수공업자와 상인들은 시민 사회에 참여할 수 없는 사람들이었기 때문이다. 아리스토텔레스에 의하면, 클레이스테네스는 자신의 개혁을 용이하게 하기 위해 외국인들과 심지어는 노예에게까지 시민권을 주었다고 한다. 그러나 이것은 아테네 도시의 발달로 그곳에 모여든 소수의 외국인과 노예에게만 해당되는 이야기였을 것이다.

다른 도시의 경우에는 어떤 신빙성 있는 가설을 제기하기에는 자료가 너무도 부족하다. 스파르타의 경우, 시민 사회를 구성하는 스파르타 시민에게는 어떤 상공업 활동도 금지되었다는 것은 잘 알려진 사실이다. 다른 도시의 경우, 우리가 가진 자료가 단편적인 것인 만큼 아테네의 상황과 유사하거나, 구귀족들이 예속 주민들에게 위탁하는 형식으로 상업 행위를 장악하고 있었던 것으로 보인다. 수공업은 대부분의 도시에서 토지를 소유한 시민들로 이루어진 시민 사회에 참여하지 못하는 이방인들에게 맡겨졌다.

여기서 아테네와 아테네처럼 개방적인 다른 도시들의 특징을 볼 수 있다. 이곳들에서는 더 이상 시민 사회의 구성원이 되기 위해 반드시 토지를 소유해야 하는 것은 아니었다는 점이다. 바로 이 점이 최소한 아테네의 경우에는, 외국에서 노예로 팔린 사람들을 토지를 나누어 주지는 않고 아티카로 되돌아올 수 있도록 한 솔론의 개혁이 가져온 결과였다. 그리고 무엇보다도 클레이스테네스가 '평등권 원칙(isonomia)'을 만든 결과였다. 이 평등권은 시민권의 기초가 된 토지 구역을 일컫는 데메에 속한 모든 구성원이 법 앞에서, 그리고 법에 의해 평등하다는 권리이다.

문헌 자료

[트로이와의 대결을 앞둔 아카이아 동맹군 집회]

병사들은 앞을 다투어 몰려왔다. 벌집에서 나와 꽃밭으로 떼를 지어 몰려오는 윙윙대는 벌떼와도 같았다. 여기도 벌 저기도 벌, 끝없이 나는 봄 동산의 벌떼와도 같이 수많은 병사들이 범선에서 막사에서 쏟아져 나와서는 아래쪽 해안에서 스스로 정렬을 하고 집회장으로 몰려들었다. 그 중에는 제우스의 전령인 루모어가 다들 모일 때까지 앞을 재촉했다. 이처럼 그들이 모여 아수라장을 이루며 자리를 잡으려고 법석을 떨 때, 대지는 사람들의 발 밑에서 신음했다. 아홉 명의 전령들이 소리를 질러대며 무리를 통제하느라 애썼다. 제우스의 후손인 왕의 말을 들을 수는 없는가라고 외쳤다. 드디어 모든 이들이 자리에 앉아 자리를 차지했다는 사실에 만족해하자 모든 소란이 멈추었다. 그때 아가멤논이 일어섰다. 그는 헤파이도스가 예전에 만든 왕홀을 들고 있었다······. 아가멤논은 왕홀에 기대어 아르골리스 사람들에게 이렇게 말하였다: "영웅들이여, 아레스의 병사들이여, 동지들이여……."
—— 호메로스, 《일리아스》, II, 84행 이후.

〔아테네 구헌법〕

드라콘 이전의 아테네 구헌법의 조직은 다음과 같았다: 고위 관리는 귀족과 부유한 집안에서 배출되었다. 이 직책은 처음에는 종신직이었으나, 후에 10년으로 임기가 정해졌다. 가장 중요하고 가장 오래된 관리는 왕과 군사령관과 집정관이었다. 이 세 명의 관리 중에서 가장 오래된 관리는 왕(모든 고대 사회에서 왕은 존재한다)이었고, 다음에는 군사령관이 생겨났다. 왜냐하면 왕이라고 해서 모두 군사적 역량을 가질 수는 없었을 테니까……. 마지막으로 집정관직이 생겨났다. 그 증거로 집정관직은 왕이나 군사령관과 같은 어떤 기본적인 기능도 갖고 있지 않다. 단지 과도하게 부가된 기능만을 가지고 있다. 그래서 이 부가된 기능으로 그 역할이 강화된, 최근에 들어서야 이 직책은 중요하게 되었다. 집정관은 이미 해마다 선출하고 있었는데, 6인으로 된 입법관 제도는 몇 년 후에야 제정되었다. 이들은 법과 같은 권위를 가진 정책 결정 사항들을 공표하고, 분쟁시에 재판을 했다. 그리고 이 직책의 임기는 1년 이상 지속되지 않았다.
—— 아리스토텔레스로 추정, 《아테네 헌법》, III, 1-4.

〔리쿠르고스의 스파르타 개혁〕

리쿠르고스의 가장 대담한 2차 개혁은 토지의 재분배였다. 재산을 갖지 못한 자가 도시에 넘쳐나는 가운데, 부는 극소수의 사람들의 차지가 되어 빈부의 차이가 심각해졌다. 리쿠르고스는 스파르타에서 오만·시기·악·사치, 그리고 부와 가난이 가져오는 고질적이고 심각한 사회적 병폐를 추방하기 위해서 모든 땅을 공동의 몫으로 내놓도록 시민들을 설득했다. 우선 이 땅을 새로 분배하고 모두가 동일한 크기의 땅을 가지고 동등하게 살도록, 그리고는 미덕 이외의 것은 추구하지 말며, 비록 불평등이 악행을 한 사람에 대한 비난이나 선행을 한 사람에 대한 칭송에서 비롯된 것이라 하더라도 시민들 사이에는 어떤 차이도 불평등도 없다는 생각을 가지고 살도록 설득했다. 그는 이렇게 설득한 후 행동에 옮겨서 라코니아를 3만 개의 구역으로 나누고, 스파르타 도시에 인접한 지역을 9천 개의 구획으로 나누어 스파르타인들에게 할당했다.

—— 플루타르코스, 〈리쿠르고스〉, 《영웅전》, VIII, 1-5.

〔화폐의 기원〕

사람들이 자신들에게 부족한 물자들은 수입하고 남아도는 것들은 수출함에 따라서, 사람의 필요에 부응하는 공급이 차츰 외국의 자원에 의존하게 되었다. 이런 과정에서 불가피하게 유통 화폐가 생겨나게 된 것이다. 이 화폐 제도가 생겨나게 된 이유는 모든 생필품들이 쉽게 운반할 수 있는 것이 아니라는 점이다. 따라서 사람들은 교환이라는 목적을 위해, 그 자체로서 유용한 물자와 생활필수품을 얻는 데 다루기 편리한 물품을 서로 주고받기로 합의한 것이다. 그런 물품이란 철·은 혹은 다른 유사한 금속들이다. 처음에는 그것들의 가치가 단순히 무게와 크기로써 결정되었으나, 마침내 그 금속들에게 일정한 양을 나타내는 표지를 해서 매번 그 가치를 결정해야 하는 수고를 덜게 되었다. 이런 방식으로 어떤 화폐가 정해진 다음에는 교환의 필연적 과정인 새로운 재산 획득의 형태가 생겨나게 되었는데, 이것이 바로 이득을 목적으로 하는 상행위이다. 상행위는 처음에는 아마도 단순한 방식으로 이루어졌을 것이다. 그러나 경험이 쌓이고 조금씩 기술이 늘어남에 따라 더 큰 이윤을 낼 수 있는 원천과 교환 방법을 찾으려고 하게 된 것이다.

—— 아리스토텔레스, 《정치학》, I, 1257a 31-1257b 5.

II
시민의 자격

앞에서 우리는 '민중'을 구성하는 사람들의 권리가 차츰 확장되는 것을 보았다. 아테네의 경우 민중에 이방인이라는 요소를 첨가해 시민권이라는 개념에 현실적인 의미를 부여하고, 시민, 즉 '폴리테스(politès)'를 '시민 공동체'를 구성하는 사람으로 정의하게 되었다. 이 자격으로 정치 활동이라 부를 수 있는 '민중' 집회에 참여했다. 다시 말하면 일정한 토론을 거친 후, 시민 공동체 전체가 참여하여 결정을 내릴 때 그 일에 참여하는 것이다.

시민 공동체 조직의 범위와 시민권을 획득·상속하는 방법을 알아보기 전에, 우선 여러 도시에서 시민 공동체에 소속 여부를 결정짓는 여러 기준들을 상기해 보자.

1. 시민 공동체 소속 기준

시민 공동체의 소속 기준은 도시에 따라 조금씩 차이가 있었으나, 기본적으로는 시민의 어떤 그룹에 대해 다른 어떤 그룹을 배제시킨다는 형식으로 정의할 수 있다.

비자유인 배제

 전체 시민과 전체 인구를 혼동하지 말아야 한다는 점을 다시 한 번 상기하자. 우리가 잠시 후에 다루게 될 여성 문제도 일단 접어두기로 하자. 아테네와 같은 도시의 경우 시민을 구성하는 아테네인 외에도 체류 이방인, 거류 이방인, 노예들이 있었다. 이들의 수를 정확히 알 수는 없다. 현대 사학자들에 의해 제시된 수치는 모두 가설이다. 그러나 합리적으로 추산해 보건대, 아티카 전체 인구의 3분의 1, 때로는 2분의 1 정도였을 거라고 생각된다. 스파르타의 경우 스파르타인이라는 모든 권리를 가진 소수의 시민 외에도 라코니아의 자유인인 주변인들이 있었는데, 이들은 스파르타의 두 왕의 지배를 받으며 스파르타인으로 여겨지기는 했으나, 자신들만의 도시에 살며 공동의 의사 결정에 참여하지 않았다. 그외에도 스파르타의 토지를 경작하는 예속 농민인 헬로트가 있었는데, 이들의 지위는 매우 복잡한 문제를 제기하지만 고대인들은 이들을 주로 노예로 간주했다. 다른 그리스 도시에서는 아테네형의 상품 노예와 헬로트형 노예, 이 두 형태의 노예 제도를 찾아볼 수 있었다. 헬로트형은 시장에서 거래되는 개별적인 상품 노예와는 달리, 주민이 집단으로 예속 상태로 떨어진 형태였다. 그러므로 시민이 되기 위한 첫번째 자격 요건은 자유인으로 태어나야 한다는 것이었다.

특정 직업 종사자 배제

자유인의 기준은 모든 도시에서 동일한 것이었다. 그러나 몇몇 도시에서는 노예나 예속인 외에도, 시민이 행하기에는 천하다고 여겨졌던 상업과 수공업 종사자들도 시민 공동체에서 배제되었다. 스파르타에서는 **평등인**들에게는 전쟁 이외의 어떤 다른 활동에 종사하는 것도 금지되었다. 아리스토텔레스에 의하면, 테베에서는 정치권을 행사하기 위해서는 10년 전부터 수공업에 종사하는 일을 그만두었어야 한다고 한다. 아마도 다른 많은 도시에서도 시민 공동체에 소속되기 위한 기준은 대동소이했을 것이고, 그것은 초기 도시의 경우에서 그랬듯이 한 조각의 토지라도 소유하고 있을 것을 요구했을 것이다.

극빈자 배제

어떤 도시의 경우에는 시민권을 갖기 위해서는 최소한의 재산 정도를 요구했다. 마르세유나 테오스·레기온·코린토스와 같은 곳의 경우이다. 몇몇 다른 도시에서도 그랬을 가능성이 있다. 아테네에서는 기원전 322년 마케도니아에게 패한 후 이 제도를 시행했다.

이와 같은 다양성으로 미루어 보면, 그리스 세계는 정치적인 면에서는 동일하지 않았다고 볼 수 있다. 이 다양성은 또한 각각의 도시가 하나의 독립된 국가였다는 것을 보여 준다. 그러나 우리는 불행히도 자료가 부족한 탓에 이 다양성을 모두 살펴볼 수는 없고, 우리에게 가장 잘 알려진, 다시 말하면 가장 덜 알려지지 않은 도시인 아테네를 유일한 예로 참조해야 할 뿐이다.

2. 시민 공동체의 범주

그리스 도시가 시민 공동체의 형태를 갖는다고 해도, 이 공동체의 내부가 조직의 형태를 띠지 않은 것은 아니다. 어떤 조직은 어느 정도 혈연 관계에 기인하기도 하고, 어떤 조직은 영토적 구성에 기초하고 있기도 하다.

부 족

우선 이 점을 정확히 해둘 필요가 있다. 우리가 흔히 '부족'으로 번역하는 그리스어의 '필레(phylè)'라는 단어는, 그리스 사회가 인류학자들이 흔히 부족 사회라고 부르는 것과 유사한 사회 형태에서 출발했다는 것을 의미하는 것은 아니다. 이렇게 정확히 해두는 것이 중요하기는 하지만, 사실 그리스인들이 '필레'라는 단어로 의미하는 것은 명확하지 않다. 게다가 고대인들이 강조한 이오니아인과 도리아인 사이의 차이점을 고려하는 것 또한 중요하다. 이오니아인은 아테네인들과 에게 섬의 대부분 지역, 그리고 아테네의 전설 속 이온〔아폴론과 크레우사의 아들로 전설적으로 이오니아인의 조상〕의 후손이기를 원하는 소아시아 해안의 많은 도시 주민과 같은 갈래에 속했다. 도리아인은 도리아 방언을 쓰고, 주로 펠로폰네소스 · 크레타 그리고 몇몇 섬 지방에 사는 그리스 민족의 한 갈래에 속했다.

• 이오니아인

우리가 이오니아인에 대해 알고 있는 것은 주로 아테네인들의 기록에 의한 것이다. 이 기록들을 해석하는 데 때로는 어려움이 있기는 하나, 이오니아인들은 아테네라는 도시가 출현할 때부터 존재하고 있어서 시민 공동체 전체 구성원을 결집시킨 것으로 보인다. 클레이스테네스의 개혁이 있기 직전까지도 아테네인들은 네 부족——겔레온테스(Géléontes), 호플레테스(Hoplètes), 아이기코레이스(Aigicoreis), 아르가데이스(Argadeis)——으로 나누어져 있었다. 이 부족 제도가 도시에서 어떤 기능을 했었는지는 알 수 없다. 아마도 이들은 함께 거행하는 종교 의식에 참여했을 것이다. 그러나 무엇보다도 이 부족 제도의 주요 기능은 군대에 보낼 전사를 소집하는 것을 확실히 하기 위한 것이었을 터이다. 동일한 부족명이 다른 이오니아 도시들에서도 발견된다. 그러나 때로는 네 부족이면서 다른 이름을 갖고 있기도 하다. 그리고 또 다른 이오니아 도시에서는 여섯 혹은 여덟 개의 부족명(밀레토스나 에페소스의 경우)이 있는 경우도 있다. 이렇게 다양한 것으로 보아 이오니아의 이런 부족 제도가 도시 출현의 전제 조건이었다고 보기는 어렵다. 기껏해야 몇몇 도시에 동일한 부족명이 나타난다는 사실은 이오니아인들을 결집시키고, 또 동일한 제도는 갖지 않더라도 동일한 부족명이 퍼져 나간 것을 설명해 주는 것은, 아시아의 파니오니온이나 델로스의 아폴론 신전과 같은 공통된 신전의 존재라는 것을 생각하게 한다.

- 도리아인

고대 작가들, 특히 헤로도토스가 전해 준 도리아 도시에는 세 부족이 있었다. 대표적인 도리아 도시 스파르타에서는 힐레이스

(Hylleis), 디마네스(Dymanes), 팜필로이(Pamphyloi)가 있었다. 기원전 7세기에 살았던 시인 티르타이오스에 의하면, 이 제도의 성격과 기능은 기본적으로 군사적인 것이었다. 역사가 루셀의 말에 의하면, 이런 부족 제도의 성격은 이오니아의 그것과 크게 다르지 않았지만, 이 제도의 출현이 **정치 사회인 폴리스의 독특한 형태**와 연관이 있다는 것을 보여 준다. 다른 도리아 도시에서도 이 세 부족과 동일한 부족명을 찾아볼 수 있다. 그러나 더 광범위한 자료들을 찾아보면 시키온이나 아르고스 같은 곳에서는 한 부족이 더 있었음을 알게 된다.

- 부족 제도의 변화

시민 공동체에서 구성원을 분류한다는 것은 단순 명료한 일이 아니다. 이 작업은 아르카이즘 시대에 몇몇 도시에서 있었던 부족 제도의 수정 작업을 고려하면 더욱 복잡해진다. 우리는 앞서 아테네에서 어떤 가공의 조상을 중심으로 한 영토 단위인 클레이스테네스의 10부족 제도를 보았다. 이 제도는 초기 부족 제도와는 다른 기능을 하도록 만들어진 것이다. 그것은 아리스토텔레스의 표현을 빌리면, 아테네 시민 사회의 다양한 구성 요소들을 **섞기** 위한 것이었다. 게다가 이 제도는 아테네의 정치 체제의 바탕을 이루게 된다. 이후로 도시의 제도와 기구가 클레이스테네스가 세운 10부족 제도 위에 세워지기 때문이다. 루셀의 말처럼 이 제도는 아테네인들의 **시민 정신과 사회성의 계파**가 되었다.

씨 족

씨족이라는 개념은 그다지 어려운 문제가 없는 것으로 보인다. 씨족은 아르카이즘 시대 초기부터 많은 도시에 존재한 것으로 증명되었다. 그리고 씨족은 도시를 구성하는 집단의 형태이기도 한 것으로 보인다. 사실상 씨족 사회의 일원이 되어야 시민 공동체의 일원이 될 수 있었다. '씨족(phratrie)'이라는 어휘는 'phrater'에서 유래했는데, 이 단어는 인도유럽어에서 혈연 관계(라틴어로는 frater, 프랑스어로는 frère〔형제라는 뜻〕)를 떠올린다. 그러나 고대 그리스어에서 생물학적 혈연관계는 'adelphos'라는 단어를 사용했으며, phrater는 인류학자들이 유별적 친족〔혈연은 아니지만 인척으로 간주되는 사이〕이라고 하는 인척 관계를 말했다. 사실 씨족은 **가족들**의 집단과 같았는데, 이는 도시 조직 내에 존재하는 집단이었다. 우리가 고전기의 씨족의 기능에 대한 가장 많은 정보를 가지고 있는 도시는 단연 아테네인데, 아테네에서는 클레이스테네스 개혁 이전에는 씨족 공동체가 유지되었었다. 이는 이 집단의 기능이 중요했음을 말해 주는 것이다.

고전기에 씨족은 출생 · 성년식 · 결혼식 · 입양 · 장례식과 같은 시민의 일생에 연관된 모든 행사의 핵심이었다. 원칙적으로 모든 씨족 구성원이 이런 의식에 다같이 참여할 수는 없었겠지만, 제우스 신과 아테나 여신을 경배하는 아파투리아와 같은 중요한 종교 의식은 함께 치렀다. 씨족 집단에 소속된다는 것은 남자에게나 여자에게나 시민 공동체에 소속되기 위한 첩경이었다.

아테네 이외에 키오스 · 밀레토스 · 티노스 · 델로스와 같은 이오니아 도시에서도 씨족 사회가 존재했었고, 그곳에서도 아파투리아가 치러졌었다. 그러나 이 도시의 씨족 집단의 기능에 대해서는 정확히 아는 바가 없다. 어쨌든 아테네의 경우에는 씨족 집단이 시민 공동체를 구성하는 틀 중의 하나였음이 틀림없다.

데메(행정 구분)

데메를 살펴보면 우리는 보다 구체적인 현실에 접근할 수 있다. 이 부분에 대해서는, 아테네의 경우이긴 하지만 보다 정확한 자료를 가지고 있기 때문이다. 클레이스테네스의 개혁 이후, 데메는 사실상 기본적인 토지 구획이었다. 특히 데메의 등록부에 기록되는 것은 곧 시민이 되는 길이었다. 아테네에는 1백 개 가량의 데메가 있었다. 개개의 아테네인들은 자신의 이름에 데메 명을 붙였다. 데메 소속권은 세습적인 것이었다. 처음 데메 구획이 설정되었을 때, 각 아테네 시민은 자신의 거주지나 소유지가 있는 곳에 소속되었다. 그러나 점점 도시가 발달되고 시민 공동체가 확대되어 감에 따라, 특히 기원전 4세기 토지 소유의 변동이 있은 후, 자신의 소유지의 데메에 소속되는 일이 점점 없어졌다. 특히 클레이스테네스의 개혁 이후, 펠로폰네소스 전쟁의 패전으로 도시가 파괴된 플라타이아 시민의 경우를 제외하고는 집단적으로 시민권을 부여하는 일은 없었다. 기원전 4세기에는 부유한 아테네인들은 여러 데메에 소유지를 갖고, 대체로 도시에서 거주하며, 그렇다고 해서 어느 특정한 데메에 소속되지는 않고 살았던 것으로 알려져 있다. 최소한 기원전 6세기말부터는 아테네 시민권이 토지와 무관했다는, 최소한 초기에는 다른 도시에서는 찾아볼 수 없는 독특한 성격이 있었음을 다시 한 번 떠올려 보자. 토지를 소유하지 못한 시민의 경우나 다른 시민의 경우나 모두 소속된 데메와 그의 실제 거주지가 반드시 일치하지는 않았다.

데메에는 자체적인 의회와 재판소가 있었다. 여기서는 관할이 가장 중요했다. 이것은 재판관 추첨시 지원자 지명이나 의회 의원의 지명에 중요한 역할을 했다. 데메는 시민의 순수한 의미의 종교 생활에는 관련이 없었으나, 큰 제전을 주관하는 일을 맡을 시민들을 지명하는 일에는 개입했다. 어느 데메의 구역 안에 신전이 있는 경우, 그 신전이 모시는 신이나 영웅의 종교 의식에 참여했다.

시민 공동체를 구성하는 틀은 이와 같았다. 이제 이 공동체에 참여할 수 있는 방법을 정리해 보자.

3. 출 생

물론 시민 공동체에 참여할 수 있는 방법은 출생이다. 이제 제기되는 문제는 여성의 문제이다.

도시에서 여성의 지위

앞서 말했듯이, 도시는 시민 공동체이다. 다시 말하면, 남성 시민들이 결정권을 나누어 가지고 있었다. 그리스인이 말하는 시민의 의미로는, 여자는 **여성 시민**이 아니었다. 여성은 시민권을 행사하는 핵심적인 행위에는 참여하지 않았다. 그러나 시민권을 전승하는 데는 중요한 역할을 했다. 그렇게 시민 사회에 참여한 것이다. 여기서 다시 한 번 우리는 아테네의 예를 중심으로 추측해 보자. 기원전 5세기 그리스의 정치 지도자였던 페리클레스는 오랜 전통에 따라 시민권을 획득하는 조건을 법으로 정했다. 그것은 바로 **시민**인 부모에게서 태어나야 한다는 것이었다. 기원전 451년에 페리클레스가 이런 법을 정한 이유에 대해 많은 의문을 제기했었다. 그 이유는 식량 분배 제도와 관련이 있어 보였다. 식량을 분배받을 사람의 수를 제한하고자 했던 것으로 여겨진다. 또한 민주주의 화신으로 보이는 이 지도자는 귀족 가문이 외국 여자와 결혼하는 것을 금지해, 외부 세계에 대하여 도시의 내부적 결속망을 구축하고자 했다. 그러나 사실 기원전 5세기 전반 아테네의 가장 저명한 인사 중 두 사람, 테미스토클레스와 키몬은 이방인 여자에게서 태어났고, 페리클레스 자신도 모계 조상 중에 시키온 참주의 딸이 있었다. 이 법의 기원이 어떻든지간에, 이 법의 제정으로 여자들도 남자와 같이 시민 공동체에 속하게 되었다. 그러나 여자들은 여전히 정치적 결정이 이루어지는 장소에는 나갈 수 없었고, 법적으로는 미성년자와 같았기 때문에 이 법은 다른 의미로 해석되기도 한다.

결혼, 시민 사회의 기초

여자는 자신의 아버지와 후견인의 손에서 남편의 손으로 넘겨지는 순간부터 전적으로 남편에게 의존하는 삶을 살게 된다. 유일한 합법적 결혼은 시민과 시민의 딸 사이의 결혼이다. 다른 결혼은 법적으로 인정되지 않았고, 아테네인 아버지와 이방인 어머니 사이에서 태어난 아이들은 '노토이(nothoi),' 즉 서자로 간주되어 부계 재산 상속권도 없었고 시민으로 인정되지도 않았다. 그러나 이 법이 아테네의 전성기 2세기 동안 충실하게 지켜졌었다고는 볼 수 없다. 페리클레스 자신도 밀레토스 태생의 이방인 애첩 아스파시아에게서 태어난 아들을 기꺼이 적자로 인정했었다. 역사가 투키디데스에 의하면, 시민 의식이 많이 후퇴한 펠로폰네소스 전쟁 말기에는 이 법도 퇴색하여 재정비해야 했다. 그러나 재정비된 법은 반동적 성격을 가지지 않고, 아테네인 아버지와 이방인 어머니 사이의 자식을 더 이상 시민 공동체에서 배제시키지 않았다. 아마도 이것은 전쟁으로 인한 시민 인구수의 감소 때문인 듯하다. 우리가 보유한 자료들 중 이 법을 옹호하는 자료들을 보면, 이 법은 기원전 4세기 내내 통용되고 있었다는 것을 알 수 있다. 그러나 이 법을 피해 가는 방법도 여전히 있었다. 데메 안에서 시민 명부가 간혹 수정되곤 했었다는 사실이 이를 뒷받침한다.

아테네의 시민

아테네의 시민은, 아테네 시민과 아테네 시민의 딸 사이에 이루어진 합법적인 결혼에서 태어난 자손이다. 그리스어로 시민을 지칭하는 데는 두 단어, '아스토스(astos)'와 '폴리테스(politès)'가 있다. '아스토스'는 여성형도 있는데, 아테네 태생의 여자를 가리키는 '아스테(astè)'이다. 반면에 '폴리테스'의 여성형인 '폴리티스(politis)'는 쓰이는 경우가 매우 드물었다. 그러므로 아스토스는 아테네 시민 공동체에 속하는 사람을 일컫는 말이고, 폴리테스는 정치 활동을 하는 아테네인을 말한다는 것을 추측할 수 있다.

이렇게 여자들은 시민 공동체에는 속해 있었으나, 정치 활동에서는 배제되어 있었다. 아스토스 부모에게서 태어난 아이는 출생 후 10일이 되면, 그의 아버지에 의해 씨족 공동체 구성원들에게 소개되었다. 이런 소개 방법은 아이가 시민 등록부에 기록될 때까지 부계 혈통을 인정하는 방법이었다. 씨족 명부에 오르는 것은 훨씬 후에 이루어졌다. 《아테네 헌법》의 저자의 말에 따르면, 아테네인 부모에게서 태어난 아이들은 18세가 되어서야 시민 명부에 오를 수 있었다고 한다. "등록시에는 시민들이 선서를 한 후 투표를 했다. 첫째, 이들의 연령이 법이 정한 연령에 달하였는가 하는 것이었다. 그렇지 않은 경우에는 다시 아이들로 취급되었다. 둘째, 이들이 자유인 신분이며 합법적인 출생자인지를 판단했다. 시민들이 투표로 등록을 부결하는 청년은 재판소에 항소할 수 있었다. 그가 속한 데메는 5인의 변호인단을 구성했다. 재판에서 그를 등록될 권리가 없다고 판정하면, 국가는 그를 팔아 버렸다. 반대로 재판에서 승소하면 시민들은 그를 등록시켜야 했다."(XLII장, 1절) 《아테네 헌법》이 씌어질 당시에 청년들은 등록 후 20세가 되어 정식으로 정치적인 공동체에 참여하기까지, 2년간 일종의 군사 훈련 과정을 거쳐야 했다. 장정 수련 기간이랄 수 있는 이 기간은, 청소년에서 완전한 성인 시민이 되기 위해 거치는 고대 성년식의 형태를 도시의 현실에 맞게 적용시킨 것이다. 고전기 아테네에서 시민권을 계승하는 방법은 이렇게 간단히 설명될 수 있다.

아테네 외 다른 도시의 시민

 그들은 어떠했는가? 이 점에 관한 한 우리는 유난히도 자료가 없다. 그러나 많은 도시에서, 특히 기원전 4세기부터 합법적 출생의 조건과 시민권을 얻기 위해 요구되는 조건은 아테네의 경우와 동일했다. 그러나 아리스토텔레스는 《정치학》에서 어떤 도시에서는 아버지의 시민권만이 필요 조건이었다고 한다. 그래서 서자들도 완전한 권리를 가진 시민이 될 수 있었다. 그리고 어떤 도시는 어머니의 시민권만으로도 충분한 조건이 되기도 했다. 그러나 아리스토텔레스는 이런 경우에 대한 구체적인 예를 제시하지는 않았다. 이런 조건들이 합법적인 출생 배경을 가진 시민의 수의 상황에 따라 적용되었다는 것만을 겨우 지적했을 뿐이다. 이런 제도를 그리스인들은 소수 인구 제도라 불렀는데, 합법적 출생의 시민의 수가 충분해지면 "우선 노예의 자식, 그리고 어머니의 시민권으로 시민이 된 자를 제외하고 부모 양측이 모두 시민인 자에게만 시민권을 주었다."(III, 1278/a)

4. 시민권 취득의 다른 방법

 출생이 원칙적으로 시민권을 획득하는 방법이었다. 그러나 합법적인, 또는 비합법적인 다른 방법들도 있었다.

합법적 방법

여기서도 아테네의 예를 보게 될 것인데, 이것은 개인의 경우에 해당한다.

• 개인적 시민권 취득

아테네인이 아닌 사람들에게 시민권이 부여되는 방법에 대한 자료가 있는데, 그것은 데메테네스의 저술 중에 나타나는 기록과 변호문 한 장이다. 이 변호문은 데메테네스의 것이 아니라, 아폴로도레스라는 사람의 것으로 이 사람의 아버지가 이 방법을 통해 시민이 된 것이 확실하다. 그 자료를 보면 "아테네인들은 아테네에 어떤 탁월한 공헌을 한 자가 아니고는 누구도 아테네 시민으로 만들 수 없다는 법을 가지고 있었다. 아테네인들이 어떤 사람을 시민이 되는 특권을 주기로 합의하면, 이를 이행하기 위해서 법적 절차를 따라야 했다. 그리고는 최소한 6천 명의 아테네 시민이 비밀 투표를 하는 집회에서 승인을 받아야 했다. 이 방인들이 그곳에 들어오고 바리케이트가 치워지기 전에, 원로원 의원들은 입장하는 시민들에게 투표패를 전달하고 투표항아리를 돌렸다. 시민은 각자 시민권을 부여받으려고 하는 사람이 자격이 있는지 각자의 양심에 따라 독립적으로 판단을 내려야 했다."(〈네에라에 반대함〉, 89-90) 새로이 시민권을 취득하게 된 사람이 부적격한 사람이라고 판정될 경우 그 결정을 취소할 수 있는 가능성도 역시 법으로 정해져 있었다. 또한 새로 시민이 된 사람은 고위직이나 민간 성직자와 같은 일을 맡는 것도 금지되어 있었다. 신시민이 모든 권리를 향유하게 되는 것은 그의 자식 대에 이르러 아테네 여자와 결혼한 후에야 가능했다. 이렇게 해서 민주 도시인 아테네가 시민권을 얼마나 소중히 여겼고, 개인이 시민권을 취득하고자 할 때 이 일에 얼마나 인색했었는지 알 수 있다.

- 집단적 시민권 취득

집단적으로 시민권을 주는 것은 더더욱 예외적인 일이었다. 앞서 우리는 펠로폰네소스 전쟁 초기 스파르타인들에 의해 도시를 파괴당한 플라타이아인이 아테네 시민권을 획득하는 경우를 말했었다. 도시가 파괴될 때 학살을 면한 사람들이 아테네에 받아들여져 데메와 부족에 분산·수용되었다. 이 조치는 특별한 경우로 강조되었다. 사실상 펠로폰네소스 전쟁 말기, 과두정 혁명이 실패하고 민주주의가 복원되었을 때, 아테네 시민들은 과두정치가들에 맞서 함께 싸워 준 거류 외국인들에게 시민권을 주자는 민주주의자 트라시불로스의 제안을 거부했다. 그리고 얼마가 지나서야 필레성 함락에 참가한 거류 외국인들에게만 시민권을 부여하기로 하는 법령을 발표했다. 그 이후로는 예외적인 상황을 고려하여도 시민권의 집단적 부여는 더 이상 없었다.

비합법적 방법

- 개인적 방법

시민권 위조의 경우를 생각해 보자. 기원전 4세기의 한 변호문을 통하여 이런 사실을 알 수 있다. 이 변호문에서는 한 부유한 외국인이 자신과의 인척 관계를 재판정에서 증언해 줄 사람들을 어떤 방법으로 매수했는지 볼 수 있다. 이렇게 해서 엄격한 법적 조건과 발각될 경우 받게 될 가혹한 처벌(노예 신분으로 강등)에도 불구하고 아테네에서 이런 위조가 자주는 아니었겠지만 가능하기는 했음을 추측할 수 있다.

- 집단적 방법

집단적인 불법 시민권 취득은 정치적 전복 사태의 결과로 이루어졌다. 아리스토텔레스가 《정치학》에서 이런 가능성을 거론했지만, 클레이스테네스가 아테네 거주의 많은 노예들과 이방인들을 부족에 편입시킨 경우만을 유일한 예로 들었다. 앞서 말했듯이 클레이스테네스는 자신의 개혁 정책을 수행하기 위해서 이방인들을 시민 공동체로 끌어들였다. 이들은 페이시스트라토스 시대에 도시가 발달함에 따라 아테네에 유입된 이방인들이었다. 클레이스테네스는 이들 신시민들을 새로 만들어진 부족과 데메에 배치했다. 그리고 민용문자를 사용하게 함으로써 그들과 아테네 시민들과의 구별이 없어지게 되었다. 아테네의 경우, 이 사건이 유일한 불법적인 집단 시민권 획득의 예이다.

반면 혁명이 있은 후, 이방인과 노예에게 집단적으로 시민권을 주는 것은 참주정 확립 과정에서 생기는 당연한 결과로 보인다. 그리스 국가들은 기원전 6,7세기에 참주정을 겪었는데, 기원전 4세기에는 거의 대부분의 도시에 다시 나타났다. 고대인들이 남긴 자료에 의하면, 참주는 권력을 차지하기 위하여 토지를 공유시키고 부채를 탕감하여 민중 중에서 빈민층의 지지뿐 아니라, 자신이 신시민으로 만들어 준 노예들의 지지에도 의존했다.

이런 경우로 가장 잘 알려진 예는 기원전 4세기 시라쿠사의 참주 디오니시오스의 경우이다. 시칠리아의 역사가 디오도로스 시켈로스에 의하면, 기원전 406년 이 거대한 시칠리아 도시의 참주가 된 디오니시오스는 정적들의 재산을 몰수해 '신시민'이라 불리는 해방 노예들에게 그 일부를 나누어 주었다. 같은 시대의 다른 참주들도 마찬가지였는데, 헤라클라이아 폰티키아의 유명한 클레아르코스와 같은 참주는 정적들의 노예를 해방시켜 주었을 뿐만 아니라, 도시의 부유한 사람들의 아내와 딸들을 그들의 옛 노예들과 결혼시켰다. 역사가 폴리비오스에 의하면 1세기 후에 스파르타의 참주 나비스도 역시 같은 행위를 했는데, 그는 "시민을 추방하고, 노예를 해방시키고, 노예들과 전 주인의 딸과 아내를 결혼시켰다." 그러나 스파르타의 경우 조금 독특한 경우도 볼 수 있는데, 이미 나비스 이전에도 클레오메네스 왕은 자신의 군사력 증강을 위해서, 폐쇄적인 **평등한 시민** 공동체에 속하지 않으면서 그들의 지배하에 있던 자유인, 즉 스파르타의 주변인들에게 스파르타 시민권을 주었다.

다른 도시들의 예를 살펴보자. **식민 도시**들의 경우를 보면 시칠리아의 도시, 디오니시오스 통치 시대의 시라쿠사뿐만 아니라 거의 모든 곳에서 시민권 취득은 매우 불안정한 방법으로 이루어졌다. 역사가 투키디데스의 말을 빌린 알키비아데스에 의하면, 기원전 415년 시칠리아 대원정 전날 "도시는 인구 과밀 상태였고, 이질적인 집단으로 이루어져 있었으며, 시민의 지위 변경이나 시민권 획득은 쉽게 이루어지고 있었다. 따라서 아무도 이 일이 자신의 조국의 일이라 생각지 않았고, 개인적 방어를 위해 무기를 가지고 있지도 않았으며, 그곳에서의 생활을 위한 안정된 기반도 가지고 있지 않았다."(VI, 17, 2-3) 알키비아데스는 은연중에 이렇게 시민권이 안정된 공동체인 아테네의 상황과 이곳 상황을 비교했다.

그러므로 시민의 소임이란 어떤 것인지 알아보는 것도 역시 아테네의 경우를 통해서이다.

문헌 자료

〔시민권 획득의 기준: 출생〕

실제적인 목적에서 흔히 시민을 부모 양쪽이 모두 시민인 자로 정의하며, 부모 양쪽 중에 어느 한쪽만이 시민인 자는 시민이 아닌 것으로 정의한다. 그러나 가끔 이러한 요구 조건은 조상의 2대, 3대 혹은 그 이상까지 거슬러 올라가기도 한다. 이런 대중적이며 피상적인 정의 때문에 어떤 사람들은 다음과 같은 의문을 제기한다: 그러면 조상의 3대 혹은 4대 시민, 그들은 어떻게 시민이 되었는가? 고르기아스와 레오티노이는 한편으로는 이런 어려움을 의식하면서, 또 한편으로는 냉소적으로 이렇게 말했다: "주발을 만드는 사람이 만든 식기는 주발이다. 마찬가지로 라리사인들은 그들의 '조물주'가 '만든' 시민들이다. 그리고 라리사인들의 '조물주'는 몇몇 행정관들이다." 그러나 문제는 매우 단순하다. 다시 말해서 만일 조상들이 그 당시에 우리들이 정의한 바와 같은 정치적인 권리를 향유했다면, 그들은 시민이었다. 왜냐하면 '부모 양측이 모두 시민이어야 한다'는 정의는, 도시를 처음 만든 사람이나 도시에 처음으로 거주했던 사람에게는 적용할 수 없기 때문이다.
　　── 아리스토텔레스, 《정치학》 III, 1275b 20-35.

〔아테네 데메 명부 등재〕

부모 양측이 모두 시민권을 가진 자는 '폴리테이아'에 속한다. 18세에 달한 젊은이는 데메 구성원으로 등록된다. 등록시에는 데메 구성원들이 선서를 한 후 투표로 결정한다. 우선 이 젊은이가 법이 정한 연령에 달해야 한다. 그렇지 않다고 여겨지는 경우는 다시 아이가 된다. 다음, 합법적 자유민으로 출생했어야 한다. 자유민의 신분이 아니라는 이유로 데메 구성원의 표결에서 거절당한 경우에는 법정에 항소할 수 있다. 이 경우 데메측은 자신들의 변론을 맡아 줄 변호인을 5인 선출한다. 항소한 젊은이가 데메에 등록될 자격이 없다고 판결되면 국가는 그를 팔아 버릴 수 있다. 반대로 그가 승소할 경우 데메는 그를 등록시켜 주어야만 한다. 등록 후에도 위원회는 등록된 자들을 조사하고, 그들 중 연령 미달자가 나올 경우 그를 등록시켜 준 데메 구성원에게 벌금형을 가한다.
　　── 아리스토텔레스로 추정, 《아테네 헌법》, XLII, 1-2.

〔시민 명부에서 삭제된 예〕

내 이름이 호명되자마자, 그는 재판정으로 뛰어나가 빠른 말투로 갖은 표현을 동원하며 큰 소리로 나를 모함하기 시작했다. 데메 주민들이나 아테네 사람 중에는 그의 비난을 뒷받침해 줄 만한 증인이 없었다. 그는 집회에서 나를 추방시킬 것을 제안했다. 나는 이 일을 다음날로 미루자고 요청했다. 이미 시간이 늦은데다가, 기습을 당해서 옹호해 줄 사람을 찾지 못하고 있었기 때문이다. 이렇게 하면 그는 증인을 구해서 차분히 자신의 기소를 보강할 수 있을 것이고, 나는 총회에 나의 변론문을 제출하고 내 부모의 증언을 요청할 수도 있을 것이었다. 총회의 결정이 어떤 것이든 나는 받아들일 준비가 되어 있었다. 그러나 그는 나의 제안을 들으려 하지도 않았고, 변론할 기회나 반박할 기회도 주지 않았다. 그리고는 즉시 참석한 데메 주민들에게 투표패를 나누어 주게 했다. 그의 패거리들은 즉각 투표를 했다. 밤이 되었다. 그들은 에우불리데스로부터 두세 개의 투표패를 받아 투표항아리에 던져넣었다. 이 부정 행위를 증명하는 것은, 참석자는 30명 남짓이었는데 찬성표가 60표가 넘게 나와 모두 놀랐다는 점이다. 투표가 전원이 참석하지 않은 상태에서 이루어졌다는 것과, 투표자보다 동의표가 더 많았다는 것을 증명하기 위해서 나는 증거를 제시할 수 있다. 아테네 사람들이여, 사실대로 말하건대, 나는 내 친구나 그밖의 다른 아테네 사람들 중 아무도 증인으로 택할 수 없었소. 그때는 이미 날이 저물었고, 누구도 부를 수가 없었소. 하지만 나는 나를 부당한 방법으로 내쫓은 바로 그 사람들을 증인으로 부르겠소. 그들은 내가 그들을 증인으로 부르기 위해 서면으로 적어둔 사실들을 부인할 수는 없을 것이오.

—— 데메테네스, 〈에우불리데스에 반대함〉, 11-14.

〔여성과 결혼〕

결혼은 자신의 자식을 낳고, 자신의 아들들을 씨족과 데메의 구성원이 되도록 하고, 자신의 딸들을 결혼시키기는 일로 인정된다. 창녀들은 쾌락을 위해서, 첩은 일상의 사소한 보살핌을 위해서, 아내는 합법적인 후손과 가정의 충실한 파수꾼으로 취한다.
    —— 데메테네스로 추정, 〈네에라에 반대함〉, 122.

III
시민의 소임

고대 그리스 도시에서 시민이라고 하는 것은, **국가적** 집단의 구성원이 된다는 것 외에도 공동체 생활 자체에 참여한다는 의미가 있었다. 이 공동체 생활은 세 가지 차원에서 이루어졌다. 첫째는 정치적 측면에서 전체 구성원이 참여하는 의사 결정 행위를 말하는 것이고, 둘째는 군사적 측면에서 외부의 공격에 대항하여 공동체를 방어하는 것이고, 셋째는 종교적 측면에서 공동체 구성원과 그들을 지켜 주는 신들과 관계 유지에 참여하는 일이다. 이 세 가지 측면의 공동체 생활에 참여하는 기준은 도시에 따라 다소 차이가 있었다. 여자들은 정치 행위와 군사 행위에서는 배제되었지만 종교 생활에는 참여했다.

경제 행위가 시민 생활 분야에 들어 있지 않다는 사실에 놀랄지도 모른다. 이 문제를 먼저 짚어 보기로 하자.

1. 시민권과 경제 활동

이 부분에 있어서 현대 역사가들 사이에 많은 논란이 있었다. 그 관계를을 정의해 보자.

토 지

앞서 우리는 시민권과 시민의 토지 소유와의 연관성에 대해 언급했다. 그리스 도시 어디서나 토지 소유는 시민의 특권이었다. 클레이스테네스의 개혁 이후 시민이 되기 위해서는 반드시 토지를 소유해야 한다는 조건이 없어진 아테네 같은 도시에서조차 시민만이 토지를 소유할 수 있었다. 이방인에게 토지 획득의 권리를 부여하기 위해서는 의회의 예외적인 결정이 있어야 했다. 다시 말하면 대부분의 그리스 도시에서 다수의 시민은 자신의 토지를 직접 경작하거나, 토지에서 나오는 수익을 징수하는 토지 소유자들이었다. 물론 산언덕에서 1, 2헥타르의 농지를 경작하는 소농민과, 크세노폰이 《오이코노미코스》에서 보여 준 노예 경작을 하는 대지주와의 사이에는 사회적으로 신분상 큰 차이가 있었다. 그러나 민주적인 아테네에서 이들은 모두 동일한 시민 공동체의 구성원 자격을 가지고 있었다. 다른 도시에서는 토지 소유의 불평등이 심각한 위기를 낳아, 기원전 4세기에는 새로운 토지 분배를 이루는 혁명으로 이어졌다. 아테네의 경우와 같이 토지를 소유하지 않은 시민도 있기는 했지만, 그리스 도시 어느곳에서나 시민권과 토지 소유는 관계가 있었고, 토지는 현대 사회에서 말하듯 **생산 수단**이기도 한 동시에 도시 자체의 상징으로 인식되었다.

수공업

수공업의 지위는 전혀 달랐다. 앞서 우리는 테베와 같은 곳에서 시민 공동체에 참여하기 위해서는 10년 전부터 수공업 일을 그만두어야 했듯이, 몇몇 도시에서 수공업 활동을 금했다는 사실을 이야기했다. 반면 아테네에서는 수공업에 종사해도 시민이 될 수 있었다. 크세노폰의 《기억할 만한 일들》을 보면, 철학자 소크라테스가 민회를 **직물공과 제화공과 대장장이와 경작인 그리고 상인**으로 구성되어 있다고 묘사하고 있다. 아테네에서, 더구나 다른 도시에서는 수공업은 시민들만의 일은 아니었다. 석공과 금속공·도자기공들 중에는 이방인들——아테네의 경우는 거류 외국인——이 많이 있었다. 아크로폴리스의 몇몇 기념물의 건축 기록을 보면 알 수 있다. 같은 작업장에서 같은 급료를 받으면서, 시민과 이방인과 노예들이 어깨를 나란히 하고 일했다. 이 중에서 노예는 그들의 급료 중에서 생계를 유지할 정도의 급료만 가질 수 있었다. 직업적인 경제 활동이란 도시를 구성하는 계층의 사람들, 즉 시민들에게는 아직 생소한 일이었다.

상 업

상업 활동에 있어서 이런 사실은 더욱 두드러진다. 아테네에는 아고라 광장에서 상점을 경영하거나, 이런 상인들에게 고리대금업을 하면서 사는 사람들이 있었다. 그러나 상업과 교역은 거래의 공정성을 위해 도시법에 의해 보호받으며, 도시의 부두세

관(주로 해안 도시의 경우)을 통과할 때 관세를 징수하여 세금을 조달하기는 했지만 시민 공동체에 속하지 않는 사람들의 일이었다. 이들은 주로 시리아나 이집트 · 페니키아, 그리고 상업 전문 도시들, 예를 들면 페르시아에 의해 파괴되기 전의 페니키아나 기원전 4세기초 마르세유와 같은 도시에서 온 상인들이었다.

이를 보더라도 정치적 활동이 지배적인 사회 구조 안에 통합된 경제 활동은——신, 그리고 자연과의 관계로 인식되는 토지 경작을 제외하고는——그것이 비록 시민의 존재를 확고히 해주는 것이기는 하지만, 시민권을 정의내리는 데는 작은 비중밖에 차지하지 않았다.

2. 시민의 정치 활동

정치 활동은 사실상 그리스 도시국가 시민들의 우선적인 활동이었다. 그러나 이 활동은 각 도시의 체제가 민주정인지 과두정인지에 따라 그 규모나 성격이 달랐다.

민주정하의 정치 활동

철학자 아리스토텔레스는 《정치학》에서 시민을 '재판권과 행정권의 행사에 참여하는 사람'이라고 정의했다. 그리고 행정관에 의회 의원들을 포함시켰는데, 이는 모든 도시국가 체제에서, 특히 민주정하에서 자신이 내린 정의가 통용될 수 있도록 하기 위해서였다.

• 민중 집회

사실 기원전 5세기와 4세기부터 민주정 체제의 아테네에서는 모든 시민이 민중 집회(에클레시아)에 참석할 수 있었다. 이 집회는 1년에 40회, 즉 한 원로원 의원(프리타네이스)의 재임 기간 동안 4회씩 소집되었는데, 다시 말하면 클레이스테네스가 정한 10부족 중의 한 부족의 50인 평의회 의원이 항상 집회장에서 자리를 지키고 있던 35일 혹은 36일의 기간을 말한다. 민중 집회는 최고의 권한을 가지며, 의회나 부족당 50인씩 5백 인으로 매년 지명되는 평의회가 발의한 안건에 대해 토론했다. 집회에 참석한 사람은 누구든지 발언권을 가지며, 의회의 제안에 대해 수정을 요구할 수 있었다. 결정은 거수에 의한 다수결로 이루어졌다. 현대인들은 바로 이 점에 대해 의문을 제기한다. 어떻게 다수를 정확하게 셀 수 있었을까. 특히 펠로폰네소스 전쟁중에 미틸레네 사람들의 운명을 결정하는 건에 관한 것과 같은 경우에는, 투표는 약간의 차이를 보인 다수결로 결정되었다. 민회가 열렸던 프닉스 언덕의 계단에 모여든 수천 명의 아테네인들의 목표를 향한 고양된 의식을 상상해 보아야 한다. 회의에 참석한 시민의 수에 대해 알아보았다. 기원전 4세기 동안에는 계단의 좌석수가 8천에서 9천 석개에 이르렀던 것으로 추정된다. 게다가 어떤 안건은 6천 명의 정족수를 채워야 하는 것들도 있었다. 민회에서 시민의 실질적인 참여 문제는 잠시 후에 다시 살펴보기로 하자. 그래도 일반적으로 수천 명의 군중이 참석했다. 참석자들의 구성은 상황에 따라, 계절에 따라(농민들은 농사철이나 도로를 이용하기 어려운 겨울철에는 참석하기 어려웠다), 혹은 안건에 따라 변했다.

법안이 결의되면 그 법령은 돌에 새겨져 전시되어 누구든지 알 수 있도록 했다. 우리는 다음과 같은 문구로 시작되는 아테네인 법안 1백여 개를 찾아냈다: "'민중'과 원로원이 동의한 바……." 법안을 제안한 사람과, 수정이 있었을 경우에는 수정한 사람의 이름도 언급되었다. 이는 그 법안이 바람직하지 못하거나 법에 위배될 때, 그 책임을 묻기 위한 조치였다. 이런 경우를 대비해 모든 행정적 절차가 준비되어 있었다.

민회의 결정은 국내 문제나 국외 문제, 공공 건설 분야, 전시에 걷는 특별세, 새로운 제사 의식의 도입 등 여러 분야에 걸쳐 이루어졌다. 기원전 5세기에는 민회 참석에 대해서 수당이 지급되지 않았다. 그러나 기원전 4세기부터 수당이 지급되기 시작해 민회에 참석하는 일이 시민 법정 재판소의 재판관이나 각의의 각료에 비견될 만한 일이 되었다.

• 시민 법정

시민 법정(헬리아이아)은 솔론에 의해 창설된 것으로 간주된다. 사실상 우리가 아는 것은, 단지 기원전 461년 그때까지 아레오파고스 법정에 속한 기능들이 민주주의자인 에피알테스에 의해 시민 법정으로 넘어와서 시민 법정의 역할이 중요해졌다는 사실뿐이다. 시민 법정 재판관들은 매년 30세 이상의 시민들 중에서 제비뽑기로 선출되어, 헌법과 개인 재산에 해를 입히는 일을 하지 않을 것이라는 선서를 해야 했다. 이들 중에서 다시 제비뽑기를 하여 공공 소송과 민사 소송을 최종 심판하는 재판관을 정했다. 모든 아테네인들은 공공 투표에 의해 맡겨진 임무를 수행하지 않거나, 법의 권위를 위협한다고 판단되는 사람이면,

그가 누구든지간에 그에 대해 소송을 제기할 수 있었다. 페리클레스가 법정에 출정한 대가로 준 수당에 해당하는 '미스토스(misthos)'를 제도화한 것도 시민 재판관을 위한 것이었다. 희극작가 아리스토파네스는 그의 작품 《말벌들》에서 아테네인들이 재판이 있는 날엔 동전 3오볼로스(공공 사업장에서 노동자가 받는 임금의 절반 가량의 액수) 정도의 수당을 받기 위해 제비뽑기에 뽑히려고 새벽부터 달려가는 모습을 풍자했다.

• 5백인 의회

5백인 의회의 경우에도 같은 시기에, 혹은 그로부터 몇 년 후에 공직 수행에 대한 대가로 '보수 제도(misthophoria)'가 확산되었다. 의원들은 매회 5오볼로스를, 그리고 원로원 의원직을 10년간 수행하는 경우에는 1드라크마(6오볼로스)를 받았다. 원로원 의원들은 같은 부족 출신의 50명으로 35일에서 36일간 의석을 지키고 있었으며, 회의를 주관하고, 회의 날짜를 정하고, 매일 지명되는 회장의 주도하에 일종의 도시의 정부와 같은 형태를 유지했다.

• 행정관

행정관은 선거나 제비뽑기로 매년 선발되었다. 모든 시민이 행정직에 나갈 수 있는 것은 아니었다. 때로는 납세 실적이 요구되기도 했고, 때로는 1년 동안 도시의 일에 완전히 종사할 수 있을 것이 요구되기도 했다. 보수 제도가 몇몇 도시에 확산된 것도 사실인 듯하다. 그러나 가장 요직인 군사령관과 재무관은 보수를 받지 않았다. 이 직책은 부유한 시민들, 즉 자신들의 토지와 공장에서 들어오는 수입으로 여유 있는 생활을 하는 소수의 **부유층**에만 국한되었다. 이렇게 가정한다면, 보수 제도는 많은 시민들이 정치에 참여할 수 있도록 해준 제도였다. 그리고는 시민권이라는 것이 단지 자격이 아니라 역할이라는 뜻으로 해석된다. 보수 제도는 민주주의를 반대하는 사람들의 많은 비판의 대상이 되었다. 이들은 이 제도가 많은 아테네 시민들을 게으르게 만들었다고 비판했다. 그렇지만 이 제도는 아테네 민주제의 특징이었다.

과두정하의 정치 활동

그리스인들은 권력이 소수의 사람들에게만 국한된 제도를 과두정이라고 불렀다. 불행히도 과두정 체제 도시의 제도에 대해서는 별로 아는 바가 없다. 단지 몇 가지 문헌을 통해 추측할 따름이다. 아리스토텔레스의 《정치학》에 나타난 분석과 크세노폰과 플루타르코스의 저술에 의지하여 우리가 스파르타의 제도에 대해 알고 있는 것들이다. 과두정 체제를 가진 도시는 우선 시민권이 사회의 특정 계층, 즉 토지 소유자라든가 부유층——이들 재산의 성격은 불문하고——, 혹은 귀족들에게 국한되어 있었다는 점이 특기할 만하다. 그러나 이것이 반드시 이런 도시에서는 제한된 범주의 사람들에게만 주어지는 시민권이, 그것을 가질 수 있는 자격이 주어진 사람들의 실제적 권리 행사를 의미하는 것은 아니었다. 다시 말하면 이런 시민들의 집회가 있다 해도 소집되는 일은 드물었으며, 최고의 권력을 가지고 있지도 않았다. 스파르타의 경우, 스파르타 시민의 집회인 '아펠라(apella)'는 원로들의 집회인 '게루시아(gerousia)'에 의해 해산될 수 있었고, '게루시아'의 결정 사항을 비준하는 정도의 역할만 하는 데 그쳤다. 스파르타의 정치 제도를 전복시킬 뻔한 음모에 대해 이야기하면서, 크세노폰은 도시가 위기에 처한 경우 민회를 대신했던 **작은 집회**의 존재에 대해 언급했다. 이 작은 집회는 민회 구성원 중 소수만으로 이루어진 것이었다. 또 다른 도시의 경우를 보면, 보이오티아 동맹의 도시에서는 의회가 중요한 결정권을 갖고 민회는 수동적인 역할만 할 뿐이었다. 이 의회의 의원 선출 기준은 도시마다 달랐다. 어떤 도시에서는 전직 행정관으로 구성되었고(크레타 도시들의 경우), 가장 흔한 경우는 선거나 호선(회원에 의한 회원 선거)이었으며, 때로는 세습제인 경우도 있었다. 코린토스에서는 24인 의회가 8명의 '프로불로이(probouloi)'로 구성된, 보다 더 제한된 의회에 그 권한을 위임했다. 보이오티아 도시의 경우에는 의회가 4개의 분과로 나누어졌다. 4개의 분과는 한 해의 4분기마다 각각 개최되었다. 4개 분과 의회는 최고의 권한을 가진 조직이었으며, 민회는 거의 아무런 역할을 하지 않았다.

결과적으로 과두정 체제하의 도시에서 시민의 **소임**은 시민권을 가진 사람들 중 소수에만 해당되는 것이었다. 이 소수의 사람은 어떤 도시에서는 법규에 따라 정해졌으나, 다른 도시에서는 그 선출 방법에 따라 유동적이어서 모호했다. 하지만 곳곳에서 의사 결정은 시민 사회를 구성하는 대다수 사람들의 손을 벗어나 이루어지곤 하였다.

3. 시민의 군사 활동

중장 보병의 도시

과두정 체제하의 도시에서 시민 공동체에 소속한다는 것을 규정하는 기준 중에 가장 일반적으로 퍼진 기준은 중장 보병으로서의 능력, 즉 중장비 한 벌을 갖출 수 있는 능력이었다. 앞서 역사가들이 '중장 보병의 혁명'이라고 불렀던 것의 결과에 대해 언급한 바 있다. 이것은 아르카이즘 시대에 보병 부대를 편성하기 위해 그리스 도시가 선택한 것이다. 이 시대의 그림들을 보면 갑주·투구·각반을 착용한 군인들이 창과 둥근 방패를 손에 들고 4명씩 여러 열을 지어 있다. 전투는 상대의 진열을 흐트러뜨린 후, 그 땅의 주인이 되는 것이었다. 기원전 7세기 중반, 귀족에게만 국한되었던 보병 부대 참가 자격은 점차 무기를 갖출 수 있는 사람들에게 개방되었다. 이것은 시민들의 평등 의식이 발전하는 데 크게 기여했다. 그들의 출생이 어떻든지, 재산 상태가 어떻든지간에 모든 중장 보병은 평등했고, 전리품도 동일하게 분배되었기 때문이다.

아리스토텔레스는 《정치학》에서 중장 보병의 도시를 실현 가능한 가장 최상의 제도로 생각했다. 이것은 그리스 정치문학에 많이 퍼져 있는 화두였다. 크세노폰은 한 웅변가가 시민권은 자신의 방패로 도시를 방어할 능력이 있는 사람에게만 주어져야 한다고 단언하는 말을 인용하기도 했다. 그리스 시민들이 상상한 전형적인 '중장 보병의 도시'는 스파르타였다. 스파르타인들은 최소한 이론적으로는 군인이었다. 그들은 다른 활동이 금지된 군인이었다. 그들은 일생 중 긴 시간을 병영에서 보내야만 했다. 최소한 기원전 5세기의 다른 많은 그리스 도시에서는 시민권과 중장 보병의 능력은 병행되는 것이었다. 이렇게 군대와 도시 사이에 완전한 일치가 이루어지고 있었다.

아테네의 경우

솔론의 개혁 이전의 아테네에서도 마찬가지였다. 기원전 6세기 중에도 아마 마찬가지였을 것이다. 예를 들면 페이시스트라토스가 권력을 쥐었을 때, 그의 우선적인 관심사는 시민들을 **무장 해제**하는 것이었다. 클레이스테네스 시대의 시민권에 대한 정의는 한정된 기준에 묶여 있지 않았다. 마라톤 전투에서 아테네 보병 부대의 역할이 증명하듯이, 중장 보병의 부대는 도시의 상징이었다. 그러나 정확히 말해서 페르시아 전쟁이 시민들의 평등 의식을 바꾸어 놓고, 시민의 군사적 역할에 또 다른 의미를 부여하게 된다.

사실 이 전쟁의 승리는 함대가 이끌어 낸 것이었다. 그리고 그 후 수십 년간 아테네의 국력은 함대에 의존하게 된다. 삼면에서 노를 젓는 사람들은 팔 힘밖에는 제공할 것이 없었다. 그때부터 가장 가난한 계층의 시민, 솔론이 분류한 것으로 여겨지는 등급 분포도에서 4등급을 차지하는 이 시민들이 도시 방어에 그보다 높은 상위의 3등급에 속한 시민들과 동등한 자격으로 참여했다. 시민은 곧 군인이라는 등식은 여전히 유지되었다. 그러나 이것은 중장 보병의 도시와는 다른 의미였다. 이제는 도시 방어의 책임이 중장 보병의 능력을 갖추지 못한 사람들에게까지 확대되었기 때문이다.

 펠로폰네소스 전쟁중 있었던 에피소드 하나를 통해 시민은 군인이라는 등식에 대한 좋은 예를 찾아볼 수 있다. 시칠리아 섬에서 있었던 아테네군의 참패 이후, 민주정의 반대파들이 기원전 411년 집권하여 과두정 체제의 출범을 선포했다. 아테네로부터 대표단이 와서 당시 사모스에 진을 치고 있던 아테네 해군·육군과 만나 이 소식을 전하자, 이들은 반발하여 자신들의 사령관의 지휘권을 박탈하고 과두정 체제를 무시했다. 그리고는 민주정을 옹호하는 것으로 알려진 장교들과 사병들 가운데서 사령관을 지명했다. 이런 행동을 통해 그들은 자신들이 도시 전체를 대표하고 있으며, 자신들의 집회는 프닉스 언덕에서 개최된 것과 동일한 가치가 있음을 확인시켰다. 여기서 우리는 시민과 군인이 동일하다는 놀라운 사실과 시민 생활에 있어서 전쟁에 참전하는 일이 매우 중요했다는 사실을 알 수 있다. 이 예는 또한 고대 역사가들이 말했듯이, 한 전투 부대를 이끄는 사령관은 도시의 행정관이었을 뿐 직업 군인이 아니었으며, 자신의 군사 앞에서 보고를 해야 했었다는 것을 말해 준다.

시민 군사 활동의 한계

 스파르타 시민이 60세까지 언제나 동원 가능한 군인이었다는 이야기는 특별한 경우였을 것이다. 스파르타에 대한 모든 것은 미스터리에 싸여 있듯이, 아마 이 이야기도 정신적 측면을 말한 것이었을 터이다. 사실 시민과 군인은 뒤섞인 개념이었지만 시민이 항상 군인이었던 것은 아니었다. 우선 전쟁은 1년 내내 계속되는 것은 아니었고, 전투는 늦봄에서 여름까지만 있었다. 시민 군인은 게다가 주로 농부였고, 늦여름과 초가을의 추스철에는 밭으로 돌아가야 하는 사람들이었다. 무엇보다도 시민 전체를 소집하는 일은 없었다. 영토 방위를 위해서는 최소한 상당히 나이가 들어서까지도 소집된 것은 사실이다. 그러나 파병을 위해 소집한 징집병에 관해 수치화된 지표를 보면, 그 수가 별로 많지 않았었다는 사실을 알 수 있다. 예를 들면 기원전 415년 봄의 그 유명한 시칠리아 대원정시에 징집된 시민의 수는 전체 시민 3만 5천 명 중에 2천2백 명(1천5백 명의 중장 보병과 7백 명의 해병)이었다. 필리포스 왕과 싸울 때, 데메테네스는 이 마케도니아 왕과 싸우러 내보낼 아테네인의 수가 1천 명에 달하였다고 말했다. 이런 사실과 비교해 보면 이 원정의 규모가 대체로 소박했음을 말해 준다. 또한 이미 아주 일찍부터 시민들이 그들 자신만으로 군대를 구성하지 않았다는 사실도 보여 준다. 예를 들면 주변인들도 소집하고, 라코니아의 주민들 중 헬로트와 같은 다른 계급의 사람들도 소집되었다. 마찬가지로 아테네에서도 거류 이방인·외국인도 소집되었다. 펠로폰네소스 전쟁 초기, 역사가 투키디데스는 성벽을 수호하다가 부상당한 거류 이방인들에 대해 언급하고 있다. 펠로폰네소스 전쟁부터 그리스 도시들은 크레타 궁수와 같은 특별한 기술을 가진 전문 분야의 용병을 고용했었다.

그리스 도시들의 군대는 전문성을 가진 군대였음에는 틀림없지만, 여전히 시민 군대와 섞여 있었다. 군사령관은 1년 임기로 선출된 자신의 업무를 보고해야 했던 재선 가능한 행정관이었는데, 그의 임무는 군사 문제에만 국한된 것이 아니었다. 페리클레스는 군사령관으로 15년간 연속적으로 선출되어, 기원전 429년 사망할 때까지 아테네 정치까지도 주도했다. 그러나 다른 사령관의 경우는 일생에 한 번만 군사령관직에서 군대를 지휘한 후 이듬해에는 다시 평범한 군인으로 돌아가기도 했다. 스파르타는 예외였다. 군통수권을 가지고 이 도시를 통치하는 두 왕 중에서 한 명에게 사령관직을 맡겼다. 그러나 사실상 스파르타에서도 펠로폰네소스 전쟁에서 이름을 날린 브라시다스나 기원전 405년 아이고스포타미에서 아테네 함대과 싸워 대승을 거둔 리산드로스와 같은 사령관이 실질적으로 스파르타 군대를 통솔했다. 우리는 이들 사령관들의 선출 방식은 알 수 없다. 반면 아테네 함대의 경우에는 가장 부유한 시민 중에서 뽑힌 삼중 노선 사령관이 함대를 통솔했는데, 부자들은 전함의 장비를 대고, 필요하다면 선원을 모집하는 일까지도 맡았다.

시민과 군인 사이에서 발견된 일체성과 시민의 **소임** 중에서 전쟁이 차지하는 비중을 감안해 보면, 그리스 시민군은 독특하고 독창적인 성격을 띠고 있었으며, 오늘날 우리가 '시민군'이라는 말에 일반적으로 부여하는 의미와는 관련이 없음을 알 수 있다.

4. 시민의 종교 생활

그리스 종교는 시민 종교

고대 그리스 사회에서 시민의 **소임**과 종교가 서로 어떤 연관이 있었는지 알아보기 위해서는 먼저 이들의 종교가 가진 성격에 대해 살펴볼 필요가 있다. 이들의 종교는 다신교였다. 이 종교는 그리스 민족이 발칸 반도에 정착한 이래 수 세기에 걸쳐 형성되었다. 그러나 이러한 신들의 집합체는 어떤 결정적인 형태도 갖고 있지 않았고, 거기에는 어떤 공식적인 교리도 없었다. 이미 본 바와 같이, 도시는 그 도시의 영웅이나 이 신들의 집합체에 속하는 한두 명의 신을 모시는 신전을 중심으로 형성되었다. 그래서 수호신들을 섬기는 일과 도시를 운영하는 일 사이에는 긴밀한 관계가 있었다. 시민 생활의 중요한 행사에는 모두 그 도시의 수호신에게 올리는 제사가 포함되어 있었으며, 그 신을 칭송하는 축제를 주관하는 일은 도시의 행정관들의 소관이었다. 행정관들은 제사와 축제를 주관했고, 이를 위해 도시 예산의 일부가 쓰였다. 그리고 신전·신상·제단의 건축과 같은 공공 사업도 도시 차원에서 이루어졌다. 예를 들면 아테네 경우에는 행정관이, 무엇보다도 왕의 역할을 맡은 자가 거대한 제사의 행렬을 조직했고, 이 행렬 중에 시민의 딸들이 수호신인 아테나 여신에게 수놓은 베일을 바치기 위해 아크로폴리스까지 올라갔다. 파르테논 신전의 유명한 벽화에서 이 행렬의 모습을 볼 수 있다. 도시의 중요한 인사들이 앞장서고, 그 뒤에 기사들, 무장한 군인들, 여신에게 바치는 시민들의 제물을 담은 바구니를 든 소녀들이 따라간다. 디오니소스 축제도 이런 행렬로 유명하다. 이 축제는 연극 경연 대회로 특히 유명한데, 이런 기회를 통해 도시의 단결을 확인했다. 이 연극에서는 아테네의 동맹 도시들이 공동 방어 체제를 확인하기 위해 공물을 가져오는 장면이 보여지기도 한다. 이런 시민 종교 의식을 치러 줄, 다른 도시 구성원과 구별되는 별도의 성직자 계급은 존재하지 않았다. 다만 몇몇 제사의 경우, 그 제사에 대해 우선권을 가진 귀족 가문이 있긴 했지만, 성직자는 대부분 다른 행정관과 마찬가지로 선출되거나 제비뽑기로 뽑힌 사람들이었다. 종교 생활은 도시 생활의 공통적인 부분이었다. 사실상 우리가 가장 잘 알고 있는 것은 아테네의 경우이다. 그러나 다른 도시의 경우도 도시의 종교는 시민 사회 제도의 일부라고 볼 수 있다. 그래서 아테네에서는 종교력, 제물의 내용, 제사장 선출, 새로운 제사 의식 도입과 같은 사항을 의회 법령으로 정해 놓았다.

시민의 종교 생활

앞에서 우리는 어린아이가 어떻게 합법적으로 시민이 되는지 알아보았다. 아이의 아버지는 제사와 향연이 벌어지는 행사중에 자신의 아이를 부족 구성원들에게 소개했다. 아르카이즘 시대에 제전에 참여한다는 것은 시민 공동체의 구성원임을 의미했다. 장차 시민이 될 이 아이가 청년기에 접어들면 제우스 신이나 아테나 여신을 받드는 축제와 같은 부족 축제 때에 어떤 의식을 치렀다. 이때 청년들은 머리칼의 일부를 잘라 아르테미스 여신에게 바쳤다. 아테네의 한 기록에 나타난 청년들이 바친 맹세를 보면, 시민 공동체에 들어간다는 것은 곧 종교적인 행위였음을 알 수 있다. 이 기록에는 도시의 다른 수호신들도 거론되어 있다. 이 맹세를 바친 후 청년들은 아티카 지방의 신전들을 순회했는데, 순회는 기원전 4세기말에는 2년 동안 계속되었다. 이는 마치 일종의 **병역 의무**와도 같았다. 이 청년들은 도시의 모든 종교 행사에 참석했다.

성인이 된 시민은 도시의 수호신이나 시민 공동체의 일부가 자신의 씨족이나 데메, 또는 다양한 종교 단체에서 신처럼 섬기는 영웅의 제사에 참여해야 했다. 시민들 중 부유층이 이런 제사의 비용을 부담했다. 제사 비용에는 제물로 바칠 짐승, 연극 공연에 출연하는 코러스의 연습 비용, 공공 연회 등이 포함되었다. 이런 기부 행위는 '봉사 의무'라고 불렸는데, 이런 비용을 부담하는 사람들은 자비와 선심을 경쟁적으로 베풀었다. 물론 다른 시민들의 감사의 표시를 기대하지 않은 것은 아니었다. 최소한 아테네에서는 이런 축제에 시민들은 정치 활동에 참여했던 것과 마찬가지의 자격으로 참여하여야 했다. 그리고 또한 아테네에서는 디오니소스 신을 섬기는 축제에서 볼거리를 제공하는 무대를 세웠다. 그곳에서 이 축제에 참가한 모든 사람들이 연극 공연을 관람했다. 이 행사는 1년에 두 번, 1월과 3월말(디오니소스 대축제)에 있었다. 연극 관람은 시민 생활이었고, 디오니소스 대축제는 **진정한 애국적 축제**였다고 말할 수 있었다.

여성 시민과 종교

종교 생활의 또 다른 면을 살펴볼 필요가 있다. 종교는 사실상 시민들의 아내와 딸들에게 개방된 유일한 시민 생활이었다. 여기서도 아테네의 경우를 보기로 하자. 우리는 앞서 범아테네인 축제에서 아테나 여신에게 바치는 베일을 수놓은 소녀들의 이야기를 했다. 소녀들, 아주 어린 소녀들이 등장하는 다른 종교적 성격의 활동도 있었다. 예를 들면 아르테미스 여신에게 바쳐진

브라우로니아제 의식의 경우를 보면, 사프란색의 옷을 입은 어린 소녀들이 제전의 초기 행사에 **곰 역할**을 하며 등장했다. 하지만 이 의식의 많은 부분은 소실되어 알려지지 않고 있다.

시민 종교 활동에 적극적으로 참여한 여성들은 주로 기혼 여성들이었다. 특히 한 축제는 그들을 위한 것이었는데, 그것은 데메테르 여신에게 바치는 축제로서 많은 도시에서 치러졌다. 아테네에서는 10월에 있었다. 아테네인들의 아내들이 민회장인 프닉스 언덕에 모여 축제를 주관할 대표들을 지명했다. 첫째 날에는 전해에 축성을 받은 물건들을 제단에 갖다 놓았다. 둘째 날은 단식일이었고, 셋째 날은 반대로 환희의 날이었다. 이 날은 여신에게 제물을 바치고, 축제에 참가한 여자들을 위한 대향연이 벌어졌다. 아리스토파네스의 희극 작품에서 보듯이, 제물을 바치는 사람을 제외하고는 그도 물론 급히 그곳을 떠나야 했지만, 남자들은 그곳에 갈 수 없었다. 기원전 4세기의 한 변호문에 나타난 기록을 보면, 도시의 중요한 행정관 중 한 사람(집정관이나 왕)의 아내가 2월에 아테네에서 있었던 안테스테리아에서 맡았던 역할이 나타나 있다. 이 축제는 디오니소스 신을 섬기는 것이었는데, 축제의 둘째 날, 집정관(또는 왕)의 아내는 **도시의 이름으로** 비밀 의식을 치렀다. 그녀는 14명의 여사제의 호위를 받으며 신과 결혼식을 올렸다. 물론 이 신성한 결혼(히에로스 가모스)에서는 집정관(또는 왕)이 그 신의 역할을 맡았을 것이다.

여자들이 시민 종교 행사에 참여하는 예와 종교 생활과 여성 **시민**과의 관계에 대한 예들을 더 들 수도 있다. 이런 예를 통해서 시민 생활과 시민권으로부터 여성들이 배제된 정도를 알 수 있다.

시민의 소임이라는 것은 최소한 이론적으로는 평등한 활동이었다. 하지만 많은 도시에서 다른 활동과 양립하기가 다소 어려운 것이 사실이었다. 한편 보수 제도를 만들어 시민들간의 불평등을 완화시킨 아테네와 같은 민주적인 도시에서는 시민의 소임이 다른 직업과 양립할 수 있는 활동이기도 했다. 이렇게 시민권의 다양한 행사 방법을 살펴본 후에는, 그리스 도시의 일상 현실에서 시민권 행사가 어떻게 이루어지는지, 그리고 통시적 관점에서 시민의 활동을 다시 살펴보는 것이 중요하다.

문헌 자료

〔훌륭한 시민〕

선량한 사람은 그의 생활 기반으로 농업보다 나은 일이 없다고 여긴다. 농업은 배우기에 가장 쉽고, 행하기에 가장 기분 좋은 일이다. 농업은 우리의 육체를 가장 아름답게 만들어 주고, 힘이 솟아나게 한다. 농업에 종사하면 친구와 도시를 돌볼 수 있는 정신적 여유가 생긴다. 농업은 또한 도시 성벽 밖에서 농산물을 키우고 가꾸는 사람들에게도 용기를 준다. 그래서 이런 삶은 도시에서 가장 명예로운 삶으로 추앙된다. 이런 삶이 도시에서 가장 훌륭하고 충실한 시민을 길러내는 것이다.
—— 크세노폰, 《오이코노미코스》, VI, 8-10.

〔아테네 법령의 예〕

레온티스 가문이 맡았던 아홉번째 시장직에서 프리니코스 집정관 재임시, 아메이니아스 아카르네스의 아들 클레스트라토스가 비서직을 수행하고 있었다. 회장들 가운데 아이시온 데메의 메네스트라토스가 이 안을 표결에 부쳤다. 피라이에우스에서 온 아리스토티모스의 아들 에우크라테스가 발의했다. 아테네 시민들에게 인기가 있고, 또 입법자들의 마음에 든다 하더라도 만약 그가 참주정을 세우려고 민중에 반기를 든다면, 그리고 어떤 자가 참주정을 세우는 데에 협력한다면, 그래서 아테네 시민의 권리나 민주정 체제를 훼손한다면, 이런 죄를 범한 자를 죽이는 사람은 욕되지 않을 것이다. 아테네의 민주정이나 민중이 전복되거나 공격받은 경우, 아레오파고스 재판관 중 누구도 재판소에 등청하거나, 의회에 참석하거나, 어떤 의제에 대해 논할 권한이 없다. 아테네의 민주정이 무너지거나 민중이 공격당한 후, 아레오파고스 재판관 중 재판소에 등청하거나, 의회에 나가 어떤 의제든지 다루는 자는 그 자신과 후손 모두 시민권을 잃게 될 것이며, 재산은 몰수되고, 또한 몰수된 재산의 일부는 여신에게 바쳐질 것이다. 의회의 서기는 이 법을 돌기둥 두 개에 새겨서 하나는 아레오파고스 재판장 입구에, 다른 하나는 민회장에 세운다. 이 작업을 위해서 법정 민중 부담 비용에 관한 항목에 의거하여 민중 재무관은 20드라크마를 지불한다.

—— 기원전 337/6년에 가결된 법안.

〔기원전 411년 아테네군의 반란〕

그래서 (사모스의) 병사들은 곧 집회를 열어 그때까지의 장군들을 해임하고, 삼중 노선 선장 중에서도 의심스러운 자들을 사임시켰다. 그리고 새 장관과 삼중 노선 선장을 임명했는데, 그 중에는 장군으로서 트라시불로스와 트라실로스도 포함되어 있었다. 그들은 서로 말로 격려하며, 아테네 도시가 그들과 결별한 것에 대해서 염려할 필요가 없다고 했다. 왜냐하면 자신들은 모든 면에서 더 우세한 다수파에서 떨어져 나온 소수파이기 때문이었다. 그들은 선단 전체를 소유하고 있어서, 아테네를 근거지로 삼고 있을 때와 마찬가지의 공납금을 그리스 세계의 다른 도시들에게 우선 강요할 수 있을 것이었다. 그리고 선단을 가지고 있는 이상, 도시민들 이상으로 필요한 물품을 공급받을 수 있을 것이었다. 그때까지는 아테네인들이 사모스 섬에서 우위를 점하고 있어서 피라이에우스 항구에 접근이 용이했지만, 지금은 아테네인들이 그들에게 시민의 권리를 돌려주지 않는 이상, 바로 그들이 아테네인들에게 제해권을 빼앗기는 것이 아니라 아테네인들의 제해권을 빼앗을 수 있는 위치를 점하게 될 것이었다. 게다가 그들이 적을 무찌르러 갈 때 아테네의 도움은 미미했으며, 그들에게 보낼 돈조차 없었던——그래서 병사들 스스로 조달해야 했다——그리고 그들에게 아무런 결정 사항도 보내지 않았던 아테네인들과 결별하는 것은 잃을 것이 없는 일이었다. 정확히 말하면, 이런 이유로 국가는 군대를 지휘하는 것이다. 그러나 아테네인들은 조상 대대로 내려온 법을 폐지하는 잘못을 저지르고 있었으며, 반면 그들은 이 법들을 수호하고 부활시키려고 노력하고 있었다. 그러므로 어떤 발전적인 안도 제시하지 못하는 아테네인들보다 그들, 즉 병사들이 못할 것이 없었다.

—— 투키디데스, 《펠로폰네소스 전쟁사》, VIII, 76. 2-6.

〔시민의 종교 생활〕

자신의 딸이 아이를 낳자마자 희생제를 올릴 때 그가 반드시 우리를 부르는 것은 당연한 일이었다. 의식이 크든 작든간에 우리는 항상 거기에 갔고 참여했다. 그러나 이 의식에만 우리를 초대한 것은 아니었다. 야외 디오니소스 축제에도 항상 우리를 불렀다. 우리는 그의 옆에 앉아서 공연을 감상했고, 모든 행사를 함께 하기 위해 그의 집으로 갔다. 그가 제우스 신에게 크테시오스를 바칠 때, 우리는 참여했다. 제물에 대해서 그는 각별한 정성을 들였는데, 노예나 친척이 아닌 자는 절대 손을 못 대게 했다. 그는 손을 깨끗이 씻은 후에 제물을 만졌으며, 우리는 그와 함께 제물을 들어서 제단에 올려 놓았다. 그는 우리와 함께 의식을 진행했고, 우리의 건강과 행복을 빌었다. 할아버지로서는 당연한 일이었다. 이런 일만이 우리의 어머니가 키론의 합법적인 딸이라는 것을 증명하는 것은 아니었다. 어머니에 대한 우리 아버지의 태도나 데메의 다른 여인들의 태도 또한 이를 증명하고 있었다. 우리 아버지가 어머니를 아내로 맞이했을 때, 그는 결혼 피로연을 열었고, 그 자리에 자신의 친구 세 명과 친척들을 불렀다. 그리고 자신의 씨족원들에게는 그들의 지위에 맞는 격식을 갖춘 연회를 열었다. 그후 데메의 여인들은 어머니를 피토스의 디오클레스의 아내와 더불어 테스모포리아를 주관하고, 전통적인 의식을 진행하도록 선출했다.

—— 이세우스, VIII, 15-16; 18-19.

IV
적극적 시민과 소극적 시민

　제II부의 끝부분에서 우리는 시민 사회의 구성원임에도 불구하고 경제적으로 빈곤하거나 천한 직업을 가졌다는 이유로 과두정 체제하의 도시의 경우에서와 같이, 설령 단속적으로라도 정치 활동에 참가할 자격이 있는 사람들의 집단인, 현대 역사가가 정치 공동체라고 칭한 집단으로부터 배제된 사람들의 경우를 언급했었다. 보다 구체적인 예를 보면서 이 문제로 다시 돌아가 보기로 하자. 이를 위해서 우리는 그리스어로는 존재하지 않는 단어를 사용해야 한다. 그것은 바로 **소극적** 시민이라는 단어인데, 이 단어는 19세기 프랑스 혁명기에 쓰여졌던 것으로 실제적인 정치권 행사를 하지 못하는 프랑스인들을 가리키는 말이다. 그러나 이 단어의 의미를 평등한 시민권의 소유자이면서도 정치활동에 참여하지 않기로 단호히 결정한 사람들에게까지 확장시켜 적용해 보자.

　과두정 체제하에서의 참여 불가 상황에 대해서는 이미 언급했으니 여기서는 생략하자. 그보다는 정치 공동체의 일원이었으나 갑자기 배제된 사람들의 경우가 더욱 흥미로우므로 이 경우를 우선 살펴보기로 하자.

1. 참정권 박탈

참정권 박탈은 정치 활동과 의사 결정에 참여할 권리를 박탈하는 것을 말한다. 이는 어떤 사법적인 결정일 수도 있고, 어떤 혁명의 결과일 수도 있다.

정치 활동 금지

'정치 활동 금지(atimie)'라는 단어는 두 가지 형태의 정치 활동 참여 불가의 상태를 뜻하는 것으로 보인다. 오랜 옛날 이 벌에 처해진 경우를 보면, 이 벌을 받은 시민은 당연히 죽음을 당하기도 하고, 재산이 몰수되기도 하는 그야말로 법의 보호 밖에 놓인 사람이 되는 것이었다. 그러나 기원전 6세기말부터 이 벌은 최소한 아테네에서는 덜 극단적인 의미를 갖게 되었다. 이 벌을 받았다는 것은 참정권 박탈과 도시 신전 출입 금지형을 받은 것을 뜻하게 되었다.

이 벌을 받은 자는 민회나 재판정에 나갈 수 없었고, 어떤 행정직도 맡을 수 없었다. 그러나 그는 여전히 시민 집단의 일원이었고, 그렇기 때문에 아테네 여성과 여전히 결혼도 할 수 있었고, 재산도 자신의 소유로 유지할 수 있었다. 이 '정치 활동 금지'라는 벌에 대해서는 다음과 같은 두 가지 문제가 제기된다. 이 형이 세습되었는가 하는 것과, 어떤 죄를 지은 경우에 이 벌을 받게 되었는가 하는 것이다.

첫번째 문제의 경우, 이 벌은 종신형이었던 것으로 보인다. 그러나 그 형은 당대에 국한된 것이었다. 세습이 되는 한 가지 경우가 있었는데, 그것은 바로 공공 채무자의 경우였다. 재판정의 판결로 부과된 벌금을 미납하거나, 징세청부인이면서 자신이 거둔 세금을 횡령한 자가 이런 경우에 해당한다. 이 자가 자신의 채무를 청산하기 전에 죽으면 이 벌은 그의 상속인들에게 세습되었다. 물론 상속인이 갚으면 형집행이 정지되었다. 이런 채무의 경우를 제외하고 이 벌을 받게 되는 과실은 사적인 과실(학대, 성폭행, 국유 재산 훼손 등……)과 공적인 과실(재판중 관사 부정, 거짓 증언, 불법적인 주장으로 인한 선고 반복) 등 여러 가지가 있었다.

부분적인 정치 활동 금지형도 존재했던 것으로 보인다. 이 경우 자주 인용되는 예는 기원전 411년 아테네의 과두정 혁명기에 군에 복무했던 시민들의 예이다. 이들은 민회에 참석할 권리는 갖지만 발언할 권리는 박탈되었다. 웅변가 안도키데스에 의하면 부분적 정치 활동 금지형은 소송 금지라든가, 민회장 출입 금지와 같은 형태로도 내려졌다고 한다. 그러나 이같은 참정권의 부분적 박탈형을 받게 되는 과실의 내용에 대해서는 알려져 있지 않다.

정치 혁명

어떻게 시민이 시민 공동체의 일원으로 남으면서 참정권이 박탈당하는가 하는 것은 아테네의 경우에서 볼 수 있다. 이런 점에서 세 가지 역사적 사건——기원전 411년 과두정 혁명, 30인 정부, 그리고 마케도니아 장군 안티파트로스의 압력으로 기원전

322년 채택된 '폴리테이아' ——에 주목할 필요가 있다.

• 기원전 411년 혁명

기원전 411년 아테네인들이 시칠리아 섬에서 심각한 좌절을 겪은 후, 민주정 반대론자들은 아테네의 혼란을 틈타 도시의 권력을 장악하고, 당시 3만 5천 명의 시민들 중 5천 명의 시민들에게만 참정권을 행사하게 하는 새로운 헌법을 선포했다. 우리는 위에서 이미 이 사건이 실패로 끝난 것을 보았다. 사모스에 포진하고 있던 해군과 육군이 그들 사령관의 지휘권을 박탈하고, 아테네에서 일어난 일을 인정하기를 거부했다. 해군과 육군의 지지를 잃은 과두정치주의자들은 버틸 수가 없었고, 아테네의 민주정은 복원되었다. 그러나 당대 웅변가의 연설문을 보면, 이미 완전한 시민권을 행사할 사람들의 명부가 작성되기 시작했다는 것을 알 수 있다. 그렇다면 나머지 다른 시민들은 아테네 시민 자격을 유지할 수는 있었겠지만, **소극적** 시민이 되었을 것이다.

• 30인 정부

기원전 405년 아테네는 아이고스포타미에서 스파르타 해군에게 참패했다. 이 전투는 두 도시와 그들 동맹 도시들간의 사반세기 동안 지속되어 온 전쟁에 종지부를 찍었다. 스파르타의 함장 리산드로스가 피라이에우스 항구를 차단하는 동안 다시 한 번 정권을 장악한 과두정치가들은 새로운 헌법을 제정하는 일을 30인의 시민에게 맡겼다. 이 헌법은 결코 만들어지지 못했지만, 이 30인의 시민은 그들 내부에서 분란이 일어나 다시 민주주의자들이 복귀할 때까지 수 개월간 아테네를 공포의 도가니로 몰아넣었다. 그러나 이번에는 법안이 참정권의 행사를 3천 명의 시민에게만 한정하려고 예정했다. 민주주의자들이 아테네에 복귀하도록 도운 웅변가 리시아스는 이렇게 시민을 배제시키려는 안에 대해 극단적인 의미를 부여하면서, 이 3천 명에 들지 않는 사람은 **조국을 빼앗겼다**고 말했다. 사실 많은 민주주의자들이 아테네를 떠난 것은 신변의 위험을 피하기 위해서, 그리고 아테네에서의 민주정 재건을 위해서였다. 민주정이 재건된 후에도 많은 재산을 소유한 사람들에게만 참정권을 주려는 시도가 있었다. 이 안은 거부되었다. 하지만 만약 채택되었더라면 시민들 중 5분의 1은 참정권을 박탈당했을 것이다.

- 기원전 322년 법령

기원전 323년 알렉산드로스 대왕의 죽음이 알려지자, 아테네를 비롯한 그리스 도시들은 알렉산드로스 대왕이 동방 원정을 떠나면서 마케도니아의 통치를 맡긴 안티파트로스 장군에 대항하는 전쟁을 일으켰다. 그리스 도시들은 패배했다. 그 결과 아테네의 경우 피라이에우스 항에 마케도니아 군대가 주둔하게 되었고, 토지세 제도도 생겨났다. 그리고 정치 활동에 참여하려면 최소한 2천 드라크마 이상의 가치를 지닌 재산을 소유해야만 하게 되었다. 이렇게 해서 아테네 시민의 절반 이상이 사실상 적극적인 참정권을 상실했다. 서기 1세기말의 역사가인 플루타르코스에 의하면, 이렇게 참정권을 상실한 사람들은 트라키아로 이주했다. 기원전 4세기말경 정치 활동에서 배제된다는 것은, 빈민층의 경우 시민권이 가져다 주는 물질적 이익을 상실한다는 것을 의미했다. 그 물질적 이익이란 여러 가지 수당(미스토이), 복지 수당

(테오리콘)의 배급, 선원들의 봉급과 같은 것이었다. 아마도 정치 활동 그 자체에 참여할 수 없다는 사실보다도 이같은 물질적 이익을 상실한다는 사실이 참정권을 박탈당한 사람들에게 더 큰 파장을 불러일으켰을 것이다. 왜냐하면 정치 활동 그 자체는, 앞으로 보게 되겠지만 점점 소수 **정치가들**의 손에 들어가고 있었기 때문이다.

2. 정치에 대한 무관심

우리가 많은 자료를 확보하고 있는 도시 아테네에는 사실 한 가지 문제가 있었던 것으로 보인다. 이것은 현대 사학자들에게 가장 많은 토론과 논쟁을 불러일으킨 문제들 중 하나이기도 하다. 이를 다양한 관점에서 살펴보기로 하자.

민주정과 참여

앞서 우리는 아테네에 있어서 민주정의 성립이 어떤 의미를 갖는가 하는 것을 살펴보았다. 그것은 공동체 전체에 책임을 지우는 결정이 내려지는 민회에 참여하는 일이다. 이렇게 가정한다면, 실제적인 참여도는 어느 정도였을까? 몇몇 투표의 경우를 보면, 예를 들어 기원전 5세기경 도편 추방(오스트라키스도스)을 의결하거나 시민권 부여를 의결하는 경우 투표권자 6천 명의 정족수가 필요했다. 고전기의 아테네 시민의 수에 대해서는 정확한 자료가 전혀 없는 실정이다. 오늘날까지 알려진 유일한 인구 통계 자료인 기원전 4세기말의 자료에 따르면 2만 1천 명이었다. 그러나 일반적으로 펠로폰네소스 전쟁 직전에는 아테네 시민의 수가 3만 5천 명 내지 4만 명이었던 것으로 추정하고, 기원전 4세기초의 인구는 플라톤과 아리스토파네스에 의해 알려진 바에 의하면 3만 명이었다고 한다. 다시 말하면, 대부분의 경우 민회에 출석하는 시민의 수는 전체 시민의 6분의 1에 미치지 못했다는 것이 된다. 그렇다고 해서 나머지 6분의 5는 도시의 일에 무관심했다는 의미는 아니다. 우선 민회에 참여하는 시민의 구성은 상황, 계절, 예정된 의제에 따라 다르게 이루어졌다. 도시에 사는 사람들은 시골에 사는 사람들보다 쉽게 프닉스 언덕에 올 수 있었다는 점도 고려해 볼 수 있다. 흘러간 시절에 대한 회고를 취미로 삼는 어떤 사람은, 토지를 소유한 사람만이 시민이 되었던 시대를 살았던 한 역사가가 농민 공화국이라고 불렀던 시절을 회상하기를 즐겼는데, 그는 때를 가리지 않고 도시에 가는 일을 혐오했다. 이런 회고 취미자들 중 한 사람이었던 아리스토파네스는 아무 하는 일 없이 그저 3오볼로스를 받을 기대만으로 민회에 오는 가난한 사람들을 끌어들이는 '보수 제도'의 부정적인 측면을 고발했다. 그러나 이 점을 기억해야 한다. 민회는 1년에 정기적으로는 40회 열렸고, 몇 차례의 임시 집회가 있긴 했으나, 가난한 사람이 빠짐없이 참석한다 해도 생계를 유지할 수 있을 정도는 아니었다. 그러므로 가난한 민중들과 민중선동자의 손에 놀아나는 앞잡이가 주축이 된 무질서하면서도 막강한 힘을 가진 이 집회를 비난하는, 민주주의 반대론자의 비판은 좀더 신중하게 받아들여져야 한다. 이 민회에서 채택된 많은 법령들은 오늘날까지 전해지고 있는데, 이 법령들은 이 제도가 잘 작동되고 있었음을 증명해 주고 있으며, 아울러 정치 결정에 있어 민중의 참여가 현실적이었음을 보여 준다. 기원전 5세기말에 있었던 두 차례의 과두정 혁명이 실패했다는 사실은, 대다수의 시민들이 자신들이 정치 주체라는 의식을 갖게 해주는 이 정치 체제에 애착을 가지고 있었다는 점을 말해 준다.

그렇다고 해서 시민의 정치 활동 참여 정도가 모두 똑같지 않았다는 사실을 부인할 수는 없다. 그래서 **통치 계급**이란 것의 존재에 대해 문제를 제기하지 않을 수 없다.

통치 계급

철학자 아리스토텔레스에 의하면, 많은 도시의 경우 그곳에서 고위 관직을 맡는다는 것은 그만한 재력과 여유를 가진 소수의 사람들에게나 가능했으므로 결국 정책 결정의 방향은 그들의 손에 달려 있었다고 한다. 아테네의 경우에는 공직을 맡으면 받게 되는 보수 덕분에, 그리고 누구든지 그 직책을 맡을 수 있었기 때문에 경우가 조금 달랐다. 하지만 통치 계급이 존재했다는 것은 사실이다.

• 솔론식 등급 제도

여기서 이미 문제가 되었던 '솔론식 등급 제도'에 대해 다시 살펴볼 필요가 있다. 《아테네 헌법》의 저자에 따르면, 시민들을 소득에 따라 네 등급으로 구분했던 것은 우선 관직을 맡는 일을 규제하기 위해서였다. 그래서 예를 들면 상위 두 등급에 속한 시민만이 집정관직을 맡을 수 있었다. 세번째 등급은 기원전 5세기 중반이 되어서야 집정관직을 맡을 수 있었다. 앞서 우리는 솔론식 등급 제도는 부유층에게 고위 관직을 독점시키려는 의도에서라기보다는 군사적·재정적 배려에 의한 것이었음을 시사한 바 있다. 사실상 작은 농장을 가진 한 농부가 비록 제 3등급에 속한다 해도 경제적 손실을 감안하지 않고 1년 내내 자신의 농장일을 내팽개친다는 것은 상상하기 힘든 일이다.

• 정치인 채용

그래서 우리에게까지 이름이 전해 오는 기원전 5세기 전반기의 정치가들은 아테네의 오래된 귀족 가문 출신들이다. 그 전세기말의 정치가 클레이스테네스도 마찬가지이다. 밀티아데스와 그의 아들 키몬, 아리스티데스, 데미스토클레스, 그리고 페리클레스까지도 그러하였다. 우리가 가지고 있는 집정관들의 명단이 기원전 5세기의 집정관직을 맡았던 사람들의 사회적 계급에 대해 단정지을 수 있게 해주는 것은 아니지만, 이들이 부유층에 속했었다는 사실은 의심할 바가 없다. 수당 제도의 제정으로 가난한 사람들도 시민 법정에 참석할 수 있게 되었고, 1년 동안 평의회 의원으로 봉직할 수는 있었지만 상황을 근본적으로 고치지는 못했다. 더욱이 민회에서 발언을 하는 사람들은 교육을 받아 언어 구사력이 뛰어나고, 많은 군중들에게 강한 인상을 줄 수 있는 사람들이었음이 틀림없다. 게다가 군사령관이나 재정관과 같은 고위 관직은 선거로 선출되었는데, 이 선거에는 지역적인 영향력이 작용했으리라는 사실도 아울러 생각해야 할 것이다. 그래서 차라리 제비뽑기가 더 민주적인 채용 방식이라고 여겨졌었다. 그러나 이 제비뽑기도 데메나 부족 차원에서 작성한 명단을 기준으로 행해졌으므로 개인적인 명망이나 출생·재력과 같은 요소가 개입될 여지는 얼마든지 있었다. 분명한 사실은 아테네에서는 다른 도시에서보다는 고위 관직에 등용되는 길이 비교적 열려 있었다는 것이다. 그러나 이런 관직을 제외한 공직의 지도부는 소수의 사람들의 손에 여전히 남아 있었는데, 이들은 좋은 가문 태생으로 교육을 많이 받았고, 민중들에게 자신들이 후한 인심을 베풀어 전체 도시에 도움을 줄 수 있는 재력을 가졌다는 사실을 보여 줄 수 있는 사람들이었다.

- **통치 계급의 변천**

이렇게 통치 계급은 분명 존재했던 것으로 보인다. 이 통치 계급은 아테네 민주주의가 성립되는 2세기 동안 변천을 겪은 것으로 보인다. 펠로폰네소스 전쟁까지는 정치 일선에서 두각을 나타낸 사람들 대부분 혹은 모두가 기원전 6세기에 아테네를 지배했던 오래된 귀족 가문 출신이었다. 기원전 530년말부터는 이와는 조금 다른 환경의 사람들이 정치가로 등장했는데, 명망 높은 가문의 출신이 아니라 수공업이나 광산 채굴권으로 돈을 번 사람들이었다. 이들이 바로 기원전 5세기말 아리스토파네스가 **민중 선동자**들이라 비웃고, 군중들 앞에서 제대로 처신할 줄도 모른다고 비난했던 사람들이다. 피혁 공장 소유주인 그 유명한 클레온, 화병 제조업자 하이페볼로스, 현악기 제조인 클레오포네스, 양(羊) 매매상 리지클레스가 그랬다. 이들은 모두 부자였다. 그러나 그들은 수공업자이거나 상인이었기 때문에, 이런 직업은 자유인이 할 만한 일이 못된다고 여기는 사람들에게는 제대로 인정받지 못했다.

이러한 통치 계급의 변화에 대한 이유를 찾아보자. 이 변화는 다음 세기에 확실해졌는데, 이때에는 우리가 이름을 알고 있는 거의 모든 정치가들이 이들과 같은 계급 출신이었다. 이런 통치 계급의 변화는 기원전 5세기에 도시가 발전하면서 돈에 점점 더 많은 가치를 부여하게 된 것과 관련이 있다. 함대의 선박을 유지하고, 도시에 거창한 축제를 벌이고, 해외 원정에 자금을 대려면 부자들의 돈이 더욱더 필요했다. 이 돈의 출처는 중요하지 않았다. 게다가 정계에서 성공하기 위해 들여야 하는 비용을 충당하기 위해 종종 자신들의 재산을 저당잡혀야 하는 대지주들보다는 부유한 수공업자가 손쉽게 현금을 동원할 수 있었다. 기원전 5세기부터 아티카 지방의 대지에서 많은 저당 표시가 발견되는 것은 우연이 아니며, 변호문에 부유한 사람들이 비용이 많이 드는 제식을 치르느라 자신들의 토지를 저당잡혀야만 했다고 적혀 있는 것도 우연이 아니다.

통치 계급의 변화는 우리가 추측할 수 있는 그런 사회의 변화를 의미하는 것은 아니었다. 사실상 대지주나 노예를 고용한 수공업자나 다같이 금리 생활자였다. 단지 부(富)는 통치 계급에 들어갈 수 있는 확고한 기준은 아닐지라도 최소한 필요 조건으로 여겨졌다.

'민중'의 소극적 역할: 신화인가, 현실인가?

이러한 통치 계급이 존재한다는 사실에서 우리는 도시에 관련된 결정을 하는 논쟁의 장이, 이 계급 내부에 존재하는 권력 투쟁의 장이었다고 결론 내릴 수 있는가? 몇몇 현대 역사가들은 우리가 가진 자료에 나타난 인물들 사이의 경쟁 관계와, 몇몇 **리더**를 중심으로 이루어졌다고 추측되는 연대 관계들을 바탕으로 이런 결론을 내리기도 한다. 그러나 도시 전체를 분열시켰던 갈등을 이런 정파와 집단의 단순한 분쟁으로 환원시키는 것은 지나친 일이다. 왜냐하면 정치인들 개개인 사이의 갈등이 통치 계급의 구성원들을 갈라 놓았는지는 모르지만, 시민들이 참여하여 의사 표명을 하는 민회에서 시민들이 내린 결정은 그래도 역시 정치적 결정이었던 것이다. 두 가지 예를 살펴보자. 시칠리아 대원정 전날, 민회에서 니키아스와 알키비아데스 사이에 격렬한 논쟁이 벌어졌다. 전자는 이 원정을 위험한 모험이라고 판단해 원정에 반대하는 편이었고, 반대로 후자는 이 원정에서 명예를 얻을 수 있다고 기대해 이 계획을 열렬히 찬성하는 편이었다. 이 두 사람 사이에는 그들의 출신 배경과 연령으로 인한 개인적인 적대감이 있었다. 귀족 가문 출신인 알키비아데스는 젊었고, 광산업에서 수입을 얻는 니키아스는 50대였다. 그러나 민중은 알키비아데스를 지지했는데, 그것은 역사가 투키디데스가 지적했듯이 이 원정에서 물질적인 이익을 얻을 수 있다고 판단했기 때문이다. 이렇게 민중은 대다수 시민의 이익에 부합하는 선택을 했던 것이다.

두번째 예는 기원전 346년 마케도니아의 필리포스 왕과 체결한 평화 조약안을 민회에서 채택할 때의 일이다. 마케도니아 왕의 정치적 야심에 위협을 느낀 데모스테네스와 같은 사람들에게는 이 평화안이 아테네의 이익을 해치는 것으로 보였다. 반대로 데모스테네스의 개인적인 적들이 다수 포함된 다른 진영에서는 도시 내부의 안정을 위해 평화가 필요하다고 주장했다. 민중은 평화를 선택했다. 데모스테네스는 이 결정을 수용해야 했고, 그 원칙을 수호해야 하기까지 했다.

　마케도니아의 위협에 대처하기 위해 취해야 할 태도에 대해 데모스테네스와 에스키네스 사이에 있었던 기나긴 싸움의 예에서 보듯이, 정치가들이 서로의 갈등에도 불구하고 결국에는 시민들의 선택을 따라야만 했던 것을 보면, 결코 시민들이 수동적이지만은 않았다는 사실을 알 수 있다. 왜냐하면 도시 정책의 방향을 결정짓는 것은 최종적으로는 시민들의 투표였기 때문이다. 하지만 당시 사람들은 시민들이 갈수록 정치에 무관심해졌다고 증언했다. 우리는 어느 정도 그 사실 여부를 알아볼 필요가 있다.

3. 기원전 4세기 시민 의식의 변천

　펠로폰네소스 전쟁이 전체 그리스 사회에 불러일으킨 급격한 변화가 도시 내부의 정치에도 큰 반향을 불러일으켰다는 사실은 확실한 것이다. 물론 여기서는 아테네의 경우를 기초로 추론해 보겠지만, 우리의 결론을 다른 도시의 경우로 확장시켜 볼 수도 있을 것이다.

시민 군대에 일어난 변혁

　기원전 4세기에 있었던 이런 변화의 첫번째 징후는 시민군이 점차 사라졌다는 사실이다. 이미 펠로폰네소스 전쟁중에 대부분의 교전국들은——스파르타를 포함해서——외국 용병들과 직업 군인들을 고용해야만 했다. 전쟁의 형태가 보병전보다는 유격전에 가까워진 새로운 형태가 되어감에 따라, 기원전 4세기에 이런 현상은 일반적인 것이 되었다. 그리스 도시의 군대에서는 가볍게 무장한 보병대가 점점 더 중요한 역할을 수행하게 되었다. 시민 보병은 용병 보병(반달 모양의 방패로 무장한 경보병)에게 자리를 내주었다. 게다가 용병을 기용함으로써 군사령관은 농사일을 돌보러 집으로 돌아가야 하는 일을 염려할 필요가 없어져 더 장기적인 전투를 수행할 수 있게 되었다. 전투는 이제 더 이상 계절의 지배를 받지 않았다. 게다가 용병을 지휘하는 사령관은 자신의 군사들에게 평가를 받지 않아도 되었다. 용병들의 급료를 지불할 수 있는 이상, 그들은 그에게 복종했다. 사령관 자신도 전쟁 전문가가 되었고, 아테네의 장군이나 스파르타의 왕은 용병들을 고용할 능력이 있었기 때문에 주변 약소국의 왕이나 페르시아 제국 태수들의 선망의 대상이 되었다. 물론 아직 시민 보병대가 있긴 했다. 그러나 그들이 원정전에 참여하는 일은 점점 줄어 갔다. 데모스테네스가 아테네에서 불만을 토로한 것이 바로 이 점이다. 전쟁의 상황이 바뀐 것은 알고 있었지만, 아테네가 에게 해에서 우위를 고수하기 위해 파견한 원정대에 최소한의 시민군이 참여하기를 그는 여전히 희망했던 것이다. 그래야만 시민들이 사령관을 견제하여 사령관이 독단적으로 행동하는 것을 막을 수 있을 것이기 때문이다.

더구나 계속 증가하는 용병의 수는 도시의 예산을 매우 압박하게 되었다. 도시가 원정대의 재정 지원을 할 수 없게 되면, 병사들은 흩어져 자신들에게 급료를 줄 수 있는 사람에게 가버리거나, 혹은 사령관이 그 병사들을 잡아두기 위해서 약탈이나 수탈을 해야만 했다. 이런 점이 도시에 있어서 큰 문제가 되곤 했다. 그래서 시민 군대가 천천히 사라져 간 것은 중요한 결과를 낳았다. 기원전 4세기 후반——아마도 케로니아 전투의 패배 이후——아테네에서 군사 교육(아테네 및 다른 도시 국가에서 18-20세의 청년들에게 실시함)을 **정식 군복무**로 전환해서 모든 젊은 아테네 청년들이 중장 보병 전술뿐만 아니라, 경무장 보병의 기동력 있는 전투 형태를 익히도록 한 것은 분명 이런 이유에서였다.

스파르타에서 개혁주의자들이 토지를 재분배하여 쇠락한 시민 군대를 재편성하게 된 것은 기원전 3세기에 이르러서였다.

정치 활동의 **전문화**

시민 군대의 성격이 점점 더 전문화된 결과 중의 하나는, 군대에 지급해야 할 비용을 조달할 방법을 강구해야만 했다는 것이다. 아테네의 경우, 이런 필요성은 펠로폰네소스 전쟁 말기 아테네가 겪었던 패배의 결과로 더 절실해졌다. 패전의 결과로 아테네는 그리스 사회에서 패권을 상실했고, 동맹국에서 바치는 공물도 끊겼으며, 라우리온 은광 채굴 속도도 둔화되었다. 그리고 아마——최소한 기원전 4세기 전반에는——피라이에우스 항을 중심으로 이루어지던 교역이 둔화되어 아테네에 재정적인 문제를 일으켰을 것이다. 이 문제는 기원전 378/7년 아테네를 중심으로 결성된 2차 해상 동맹으로도 해결할 수 없었는데, 그것은 이 동맹 합의서에서 아테네가 동맹국들에게 공물을 거두어들이지 않겠다는 약속을 했기 때문이다.

그래서 기원전 4세기 내내 전시세의 징수를 제도화하기 위한 여러 가지 정책이 시도되었다. '아이스포라(eisphora)'라는 이 전시의 세금은 원칙적으로 특별세였으나 점점 상설세가 되어갔는데, 그것은 도시에 가장 중요한 재정 지원 문제를 해결하기 위한 것이었다. 그 일은 바로 삼단 노선을 유지하는 것이었다. 이 여러 가지 정책에는 칼리스트라토스 · 에우불레스, 그리고 그후에 리쿠르구스와 같은 재정 문제 전문가들로 보이는 몇 사람의 이름이 관련되어 있다. 그리고 후자의 두 사람은 1년 임기의 행정관의 임기보다 훨씬 더 긴 임기의 직책을 부여받았다. 그래서 에우불레스의 경우에는 **복지 수당 담당관**의 직책이, 리쿠르구스에게는 **행정 담당관**의 직책이 주어졌었다. 군대가 전문화되어 가는 동안에 도시 행정도 일종의 자치 형태에서, 확실한 능력에 의존하는 보다 전문화된 행정 운영 체제로 변화되어 갔다. 그때부터 재정 정책의 결정은 다수의 시민보다는 이런 **전문가**들의 일이 되었고, 따라서 이런 상황은 정치 문제의 자세한 내용을 이해하기 어려운 시민들을 그 문제에 대한 토론에 무관심해지도록 만들었을 것이다.

바로 이런 점이 데모스테네스나 휴페리데스와 같은 웅변가들이, 단순한 시민(이디오타이)들이 도시의 일보다는 자신들의 개인적인 일(타 이디아)에만 정신을 쏟는다고 비난하면서 지적하고자 한 점인가? 물론 연설을 반박하지 않고 듣기만 하는 청중들의 관심을 일깨우기 위해서 한 말을 문자 그대로 받아들이는 일은 경계해야 한다. 그러나 이런 논거를 무시할 수는 없을 것이다.

새로운 관심사

단지 안건 토론이 고도로 전문화되어서 이렇게 시민이 정치에 무관심해진 것은 아니다. 기원전 4세기 후반, 아테네에는 경제 활동이 되살아났다. 라우리온 광산 채굴이 다시 왕성해졌고, 피라이에우스 항은 다시 교역의 중심지가 되었다. 몇몇 변호문들을 살펴보면 이런 상업 활동은 상인들, 특히 외국인들에 관한 확고한 조처가 취해진 덕분이었다. 데모스테네스의 말대로라면, 아테네의 부유층은 세간에 파다한 마케도니아의 위협은 전혀 믿지 않았으며, 그보다는 자신들의 광산 채굴권을 대여하거나 상인들을 대상으로 고리대금을 하며 재산을 불리는 데 더 관심이 있었다. 그래서 그들의 개인적인 사업이 번창을 위해 필요하고, 또한 그들에게 재정적 부담을 덜어 줄 수 있는 이런 평화 상태를 어떤 일이 있더라도 유지해야만 했다. 그러나 개인적인 이익을 도시의 이익보다 우선시한 것은 **부자들**만이 아니었다. 대부분의 빈민층에게 이제 전쟁은 전리품을 기대하고 받을 수 있는 그런 일이 아니었다. 그들에게 전쟁이란 데모스테네스와 같은 웅변가들이 주장하여 복지 수당 재정이 군비로 충당되어, 자신들에게 지급될 복지 수당이 끊기는 일이었다. 그들에게도 역시 웅변가들이 서로 필리포스 왕에게 매수되었다고 비난하면서 몰두하고 있는 무의미한 정쟁은 쓸모없는 일로 보였다. 이들이 수당을 받으려고 민회에 참석한다고 해도, 이들은 데모스테네스와 같은 몇몇 정치가들이 비난하는 바로 그 수동적인 청중으로 머물러 있었다.
　이 모든 사실은 물론 우리가 비교적 정확한 자료를 통해 당대 사람들의 증언을 확보하고 있는 아테네의 경우이다. 그러나 이러한 자료를 통해 우리는 다른 도시에서도 마찬가지 상황이었으리라 추측할 수 있다. 그리고 시민들의 이런 정치적 무관심이 마케도니아의 필리포스 왕과 같은 사람의 음모가 성공하도록 해주었고, 한 도시를 지배하기 위해서는 몇몇 정치가를 매수하여 자기 편으로 만들기만 하면 되었다.

상황을 너무 비관적으로 그려 본 것인가? 그러나 기원전 4세기 후반에 이르러 시민의 지위가 위기를 맞고 있었다는 사실은 부인할 수 없을 것이다. 분명히 시민 정치 제도는 유지되고 있었다. 기원전 4세기말에도, 그리고 우리가 아테네 외의 다른 도시에 대한 자료도 가지고 있는 기원전 3세기에도 마찬가지이다. 그러나 알렉산드로스 대왕의 정복전의 결과로 생겨난 거대한 왕국이 세계를 지배하는 시기에 시민 정치 제도는 그 내용의 일부가 무용지물이 되어 버렸다. 그리고 시민권이란 그저 어떤 이익을 부여하는 지위에 지나지 않게 되어, 대다수의 시민에게는 더 이상 적극적인 정치 참여를 뜻하는 것이 아니게 되었다.

문헌 자료

〔기원전 322년 적극적 시민 집단에서 빈민 배제〕

계속 전쟁을 수행할 능력이 없었던 민중들은 안티파트로스에게 모든 통치권을 맡기는 일에 동의했다……. 안티파트로스는 이들을 인간적으로 대했다. 이들에게 도시와 재산, 그리고 나머지 모든 것을 그대로 유지할 수 있도록 해주었다. 하지만 그는 헌법을 개정했고, 민주정을 폐지했다. 2천 드라크마 이상의 재산을 소유한 사람들만이 참정권과 투표권을 갖게 되었다. 반면 선동자, 전쟁을 주장하는 사람, 트라키아에서 식민지를 부여받기를 자원한 사람은 인구 조사에서 제외되었고 참정권을 갖지 못했다. 이런 사람들은 1만 2천 명이 넘었는데, 그들은 조국을 떠났다. 그리고 고정된 인구 조사 범주에 들어간 사람(약 9천 명)은 도시에서 완전한 권리를 가지게 되었다. 이들은 솔론의 법에 따라 스스로를 통치했다.
—— 디오도로스 시켈로스, 《세계사》, VIII, 18, 3-5.

〔기원전 415년 시칠리아 대원정에 대한 투표〕

모두 똑같이 원정에 열광했다. 장년층은 목표로 삼은 지방을 복속시키든가 최소한 이런 대군이 출정하면 위험 부담이 없다는 생각에서였고, 청년층은 멀리 외국에 가서 견문을 넓히고 싶은 기대에다 무사히 귀국할 수 있을 거라는 믿음까지 가지고 있었기 때문이다. 그리고 많은 병사들은 시칠리아 섬에서 항구적인 세금을 받아 수입이 증가하고 국력이 강해질 것이라는 기대감으로 원정에 열광했다. 이런 대중적인 열광이 있었기 때문에, 이 계획에 찬성하지 않는 사람들은 투표에서 반대 의사를 밝히면 비애국적인 인물로 여겨질까 두려워 침묵하고 있었다.
—— 투키디데스, 《펠로폰네소스 전쟁사》, VI, 24, 3-4.

〔데모스테네스가 고발한 민중의 소극적 태도〕

지금 나는 우리들의 현 상황에 대해서 진실을 말하고자 한다. 우리들의 행동이 어느 정도까지 움츠러들었고, 우리가 어떻게 행동하고 있는지 살펴보고자 한다. 우리는 우리 재산에 부과되는 모든 세금을 거부하고 있다. 우리는 전쟁에 직접 출정하기를 거부한다. 그러나 국가에서 주는 보조금은 포기할 수 없다. 디오페이테스가 세금을 인상하는 것을 허락하지 않는다. 그렇다고 그가 스스로 자금을 조달하는 것에도 동의하지 않는다. 우리는 그에 대해 비아냥대고, 그가 어떤 정책을 시행하는지, 무슨 예산으로 시행하는지, 이런저런 것에 대해 질문을 퍼붓는다. 이런 식으로 그를 비판하면서, 우리 스스로가 해야 할 의무는 행하려고 하지 않는다. 그리고 고상한 말로 도시를 통치하는 사람들의 연설을 찬양한다. 하지만 행동으로 옮겨야 하는 순간이 되면, 우리는 우리의 적들이나 돕는다. 정치가가 연설을 하려고 연단에 오르면, 당신들은 이렇게 질문을 던진다: "그래서 어떻게 해야 한단 말이오?" 하지만 나는 당신들에게 묻고 싶다: "그래, 무슨 말을 듣고 싶소?"라고 말이다. 당신들은 세금을 내기도 싫고, 당신들이 직접 전쟁에 나가기도 싫고, 생활보조금을 포기하기도 싫고, 디오페이테스에게 세금을 내기도 싫고, 그가 스스로 재원을 조달하는 것도 싫고, 그리고 당신들이 해야 할 일도 하기 싫다면, 그렇다면 나는 더 이상 할 말이 없다. 사실상 당신들이 비난하고 야유하기를 원하는 자들에게 모든 권리를 주어서, 그들이 디오페이테스가 정책을 실행도 하기 전에 미리 단죄해 버리는 것을 낙으로 삼을 정도가 되어 버렸는데, 그리고 당신은 그들의 말만 듣는데, 나더러 무슨 말을 하라는 것인가?

—— 데모스테네스, 〈케르소네소스 반도에 대하여〉, 21-23.

아테네인들이여, 당신들에게 몇 가지 진실을 솔직히 말하겠다. 당신들이 이 점에 대해 화를 낼 이유는 없다고 생각한다. 잠시 생각해 보라. 당신들은 전혀 아무런 상관이 없는 문제에 대해 솔직히 갈하는 것이 이 도시에 사는 모든 사람들의 권리가 되기를 바란다. 그런 권리를 이방인들에게도 준다. 심지어 노예들에게까지도. 그렇게 해서 당신들 집안의 하인들까지도 다른 도시의 시민들보다도 더 자유롭게 하고 싶은 말을 다한다. 그런데 당신들은 민회 연단에서는 그렇게 솔직하게 말하는 법을 없애 버렸다. 그래서 무엇이 남았는가? 민회에서 당신들은 당신들 마음에 들려고 아첨하는 말만 듣고 흡족해한다. 하지만 곧이어 사건이 일어나면 당신들의 안전마저도 위험에 빠지게 된다. 당신들은 지금도 그런 말을 듣고 싶어한다. 그렇다면 나는 당신들에게 아무 말도 해줄 것이 없다. 만약 당신들이 아첨하는 말이 아닌 제대로 된 말을 듣고 싶어한다면, 나는 당신들에게 말할 준비가 되어 있다.

—— 데모스테네스, 〈필리포스 탄핵〉 3편, 3-4.

V
시민권에 대한 이론적 고찰

앞서 말했듯이 시민권이란 언제 그 정확한 의미를 가지게 되었는지를 알 수 없는, 서서히 형성된 개념이다. 바로 이런 점이 현대의 정치학이 익숙한 추상적 수준에는 결코 도달하지 못한 이 개념들을 설명하고자 하는 역사가들의 작업을 어렵게 만드는 이유이다. '폴리테이아'의 개념에 대한 이론적인 고찰은 기원전 5세기 후반부터 아테네의 지식인 사회에서 이루어지기 시작했다. '폴리테이아'는 우리가 **제도**라는 단어로 옮겨서 그 의미를 축소시킨 복합적인 개념이다.

1. '폴리테이아'에 대한 논의

역사가 에드 윌이 '폴리테이아'에 대해 내린 정의로부터 출발해 보자: "그것은 **도시의 권리** 혹은 **시민권**이었다. 또한 시민 집단 전체, 즉 시민의 자격을 향유하는 사람들의 집단 전체를 말하는 것이기도 했다. 그리고 그것은 도시의 제도적 시스템과 그 제도를 운영하는 방법이기도 했다. **폴리테이아에 참여한다는 것은** 고로 자신의 시민권을 향유하는 것이고, (정치적 · 군사적 · 사법적・종교적) 제도에 참여하는 일에 관한 시민의 자격이 주는 모든 것을 향유하는 것이다."(《그리스 사회와 동방 Le Monde grec et l'Orient》, I, p. 419) 이런 정의는 특히 기원전 5세기말의 경우에 유효하다. 그러나 기원전 4세기에는 이론가들이 '폴리테이아'의 개념에 도시에서의 공동 생활 양식을 포함시키고 있다.

헤로도토스의 《역사》 속의 **페르시아인**의 대화

기원전 5세기 중엽 헤로도토스의 그 유명한 **페르시아인의 대화**(III, 80-82)에서 우리는 '폴리테이아'에 대한 논쟁을 찾아볼 수 있다. 헤로도토스가 세 명의 페르시아 귀족을 등장시킨 점은 매우 이례적이다. 그의 저작 전체에 걸쳐 그리스인들이 주변국 야만인들보다 우수한 것은, 이들이 전제군주에게 복종하고 있는 반면 자신들은 자유인이라는 점에 있다고 주장하고 있기 때문이다. 헤로도토스는 이 논쟁이 벌어지는 시점을 캄비세스가 죽은 후 권력을 탈취한 페르시아의 승려들이 몰락한 직후로 설정하고, 이 시점에서 어떤 정치 제도를 수립해야 하는가에 대한 문제를 제기하고 있다. 첫번째 웅변가로 나선 오타네스는 1인 정치인 군주제의 권력을 고발하고는 등권 정치를 최선의 정치 제도로 제시한다. 군주제는 권력자가 **의무감 없이** 자기 마음대로 권력을 휘두르고, 처벌당할 일이 없다는 확신하에 폭력까지 행사하는 폐해가 있는 반면, 등권 정치 제도하에서는 **제비뽑기로 고위 관리를 정하고, 이렇게 뽑힌 관리들은 자신이 행사한 직권에 대해 보고를 하고, 모든 논의는 사회구성원이 모인 곳에서 이루어진다**고 한다. 이것은 아테네에서 행해지던 민주정을 말하고 있는 것이며, 그 핵심은 바로 법 앞에서 모든 시민은 평등하다는 것이다. 민주정의 찬양자인 오타네스의 발제에 두번째 웅변가인 메가비조스가 대답한다. 그도 역시 1인 독재에 대해서는 혐오감을 나타낸다. 그러나 무지한 다수의 통제할 수 없는 권력 또한 고발한다. 그는 소수 엘리트가 권력을 장악하는 이른바 과두 정치를 옹호한다. 이 과두정 체제는 귀족·엘리트 계층에 기반을 둔 것이다. 다시 말하면, 귀족의 지적·도덕적 우수성에 기반을 둔 것이다. 이때 세번째 웅변가 다리우스가 끼어든다. 그 역시 민주정을 문제가 있는 것으로 단정짓지만 과두정 또한 문제가 있다고 한다. 권력을 장악한 자들이 아무리 유능하다고 해도 그들 사이에 경쟁의식은 생겨나게 마련이고, 각자 자신의 의견만을 관철시키려 하게 되기 때문이다. 그래서 그는 군주제를 지지한다. 군주제만이 적대 국가에 관련된 결정 사항들을 비밀로 유지할 수 있을 뿐만 아니라, 과두정 체제나 민주정 체제가 혼란에 빠졌을 경우 야기되는 책임을 떠맡을 수 있기 때문이다. 이 논쟁에서 실제로 다리우스가 정권을 장악했는지는 중요하지 않다. 단지 이 속에서 당시 그리스 사회에 대한 논의를 읽을 수 있다는 것에 의의가 있다.

5세기 후반 민주정에 대한 논쟁

이런 논쟁 중의 하나는 민주 제도의 정당화에 관한 것이었다. 이 점에 대해서 펠로폰네소스 전쟁 초기에 씌어진 두 문헌은 의미가 깊다. 하나는 전쟁 초기 전사한 병사들의 장례식에서 페리클레스가 행한 연설문이라고 투키디데스가 주장하는 글이고, 다른 하나는 여러 가지 점에서 볼 때 이 연설에 대한 답으로 보이는 저자 미상의 한 팸플릿이다. 페리클레스는 이 유명한 '추도사'에서 아테네의 체제를 옹호한다. "이름만이 아니라, 내용에 있어서도 소수가 아닌 다수의 의견을 따른다. 이것이 민주정이다. 이것이 개인의 권리와 관련이 있는가? 법은 모두에게 사적인 분쟁에 있어서 평등하다. 한 사람이 어떤 분야에서 두각을 나타내면 받게 되는 칭호는, 그가 어떤 범주에 속하는 사람을 의미하는 것이 아니라 그를 명예롭게 해준 능력을 표시하는 것이다. 한편 어떤 가난한 사람이 국가를 위해 봉사할 수 있는 능력이 있음에도 불구하고 그의 어두운 현실 때문에 그것을 발휘하지 못하게 되어서도 안 된다."(II, 37, 1) 이렇게 모든 아테네 시민은 법적으로 평등하다. 단지 능력만이 책임 있는 위치에 오르는 사람과 그렇지 않은 다른 사람들과의 차이를 만들어 낼 뿐이다. 이런 점이 우리가 이미 살펴본 현실과는 다른 이상화된 생각이었다. 그러나 원칙은 최소한 이론적으로는 모든 시민이 도시의 정책 운영에 참여할 수 있다는 가능성이었다.

《아테네 공화국》의 저자는 오랫동안 크세노폰으로 알려져 있었는데, 이 저술은 사실상 저자 불명으로 펠로폰네소스 전쟁 초기에 씌어진 팸플릿이다. 상황을 정확하게 파악하고 있는 사람에 의해 씌어진 이 팸플릿을 보면, 저자는 부유한 사람들만이 고위직에 오를 수 있다는 것을 알고 있다. 그 이유는 이런 직책이 부담스럽고 비용이 많이 드는 것이기 때문이라는 것이다. 대다수의 시민들은 **봉급을 받을 수 있는** 직책을 선호한다. 게다가 그들은 자신의 투표에 의해 도시의 정책이 결정된다는 사실을 알고 있다. **민중이 원하는 국가는 자신들이 노예가 되는 잘 통치되는 국가가 아니라, 자신들이 자유를 누리고 지배하는 국가이다.** 이 팸플릿의 저자가 생각하기에는 양식 있는 사람으로 만들어 주는 교육을 받은 사람만이 결정권을 가져야 하는 것이었다. 이들만이 정당하고 적절한 결정을 할 수 있기 때문이다. 그러나 아테네 정권은 아테네 함대에 의존하고 있다. 함선에서 일하는 사람들은 빈민층이다. 그래서 통치권이 제대로 행사되지 못하는 이런 도시에서 노예나 외국인들도 그 도시의 시민만큼 발언권이 있다는 사실은 놀라운 일이 아니다. 이렇게 민주정과 민중 주권을 비난하는 말에서, 현명하고 인격을 갖춘 소수와 대비되는 무지한 다수에 대해 반대하는 메가비조스의 발언에서 볼 수 있었던 종류의 불평을 찾아볼 수 있다.

이런 논쟁의 반향은 당대의 연극에서도 만날 수 있는데, 특히 에우리피데스의 작품 속에서 볼 수 있다. 《애원하는 여인들》에서 에우리피데스는 페리클레스의 말로 보이는 대사를 극중 인물인 전설적인 아테네의 왕 테세우스에게 시킨다: "우리 도시는 한 사람의 권력에 맡겨져 있지 않다. 우리 도시는 자유로우며, 시민들이 도시를 통치하고, 1년에 한 번씩 지도자를 뽑는다. 돈이 있다고 해서 특권을 누릴 수 있는 것은 아니며, 부자나 가난한 자나 동등한 권리를 갖는다." 이런 대사에 테베에서 온 사자는 웅변가들이 **자신들에게 유리하도록** 아부하는 말에 놀아나는 민중과, 이 민중이 정권을 쥔 정치 체제의 폐해를 지적하면서 민주정에 반대하는 대사로 대답한다.

소피스트

에우리피데스는 연극 무대에 토론의 장면을 등장시키면서, 소피스트(Sophist)라는 이름으로 불리는 일련의 사람들이 아테네에서 어떤 영향력을 행사하고 있었는지에 대해서 보여 주었다. 이 단어는 어원적으로는 **현명함**을 뜻하는 '소피아(sophia)'에서 왔지만, 이와는 다른 경멸적인 뉘앙스를 가지고 있었다. 이 **현자**들은 기원전 5세기 후반 그리스 전역에서 아테네로 몰려들었다. 이들은 아테네에서 주로 웅변술을 가르쳤는데, 정계에서 화려한 성공을 꿈꾸는 야심찬 젊은이들에게 특히 인기가 높았다. 희극작가 아리스토파네스·플라톤, 그리고 소크라테스 또한 매우 비싼 수업료를 받고 궤변으로 모든 것을, 그리고 아무것이나 정당화시키는 이런 학습의 병폐를 고발했다. 사실상 오늘날까지 남아 있는 소피스트의 저술의 단편들을 보면, 소피스트의 궤변이 단지 논증술에만 그친 것이 아니라 철학적·정치적인 결정도 하고 있다는 것을 알 수 있다. 여기서는 바로 이 정치적 결정이 우리의 관심사이다. 그리고 우리는 두 가지 상반되는 흐름을 구별할 수 있다. 한 가지는 플라톤이 자신의 《국가》에서 소크라테스의 대화 상대자로 등장시킨 칼케돈의 트라시마코스처럼 강자의 힘을 찬양하며 1인 집권 체제를 정당화하는 흐름이다. 더 나아가 플라톤의 또 다른 대화 《고르기아스》 속에 나오는 칼리클레스라는 자가 주장하듯이, 독재가 최상의 제도라는 것이다. 이 제도는 지배자가 다른 사람들을 무시하도록, 그리고 약자를 위하여, 약자에 의해 만들어진 법을 무시하도록 하기 때문이다. 그러나 반대편에는 안티폰과 같은 사람들, 즉 자연은 모든 인간을 평등하게 만들었다고 단언하는 사람들도 있다. 이들 중에서 플라톤의 대화 속에 그 이름이 등장하는 프로타고라스는 민주제를 정당화하기 위해 신화를 빌려온다. 제우스는 헤르메스에게 모든 사람들에게 '정치 기술,' 즉 판단력과 덕성을 똑같이 나누어 주라고 시켰을 것이라는 것이다. 그리고 프로타고라스는 이렇게 결론을 내린다: "그래서 아테네인들은 건축과 같은 경험을 요하는 일에 있어서는 그 분야에 정통한 소수의 사람만이 의견을 낼 수 있다고 생각한다. 만약 이런 일에서 전문가 외의 다른 사람이 의견을 제시하면 그들은 용납하지 않는다. 내 생각에도 그들이 옳다. 반면에 모든 것이 정의와 절제에 따라 결정되는 정치에 있어서는 아테네인들은 모든 사람의 의견을 인정한다. 왜냐하면 모든 사람이 정치에 참여해야 하기 때문이다. 그렇지 않으면 도시는 존재하지 않는다."(322d-323a)

기원전 5세기 후반 아테네에서는 정치 토론이 특히 활발했었다. 실제로 기원전 5세기 동안 민주정이 발전하고 시민 전체의 정치적 역할이 확인되자, 민중이 주권을 가지게 되더라도 자신들의 특권과 이익은 보전될 수 있을 것이라고 오랫동안 믿었던 사람들의 반발이 생겨났다. 이와 같이 특권을 상실한 사람들은, 펠로폰네소스 전쟁에서의 군사적 실패로 그 결과가 악화되자 행동을 취하게 되었다. 이들 중 일부는 공개적으로 아테네에 과두정 체제를 세우려고 시도했고, 다른 이들은 잠정적으로는 과두정 체제에 동조하면서 보다 넓은 형태의 정치 제도를 추구했다. 기원전 411년의 4백인 회의나, 404년의 30인 회의와 같은 좁은 의미의 과두정보다는 더 열린 체제를 찬양했다. 이들은 **선조들의 법**(파트리오스 폴리테이아 patrios politeia)으로의 회귀를 추구했다.

2. '파트리오스 폴리테이아'

난세에는 과거가 현재보다는 나았었다고 생각하고, 그 과거로 되돌아가고자 하는 것이 인간 사회의 일반적인 경향이다. 그러므로 민주정의 반대론자들은 아테네를 휩쓸고 있는 위기 상황에 직면하여, 민주정을 반대하기 위해 폭력적인 체제를 옹호하는 자들과는 달리 과거 속에서 법의 모델을 찾으려 했다. 이 모델은 실제로 있었던 것이든지 상상으로 만들어 낸 것이든지간에, 그들이 아테네인들에게 모든 제도를 전복시키지 않고 제시할 수 있는 것이었다.

모델: 드라콘, 솔론, 클레이스테네스

- 드라콘

《아테네 헌법》에는 역사에 관한 첫머리에서 '드라콘 헌법'에 대해서 언급하고 있다. 그러나 이 법은 기원전 5세기말에 위조된 법이라고 여겨진다. 하여튼 이 법의 주요 규정은 어떤 것이었는지 살펴보자. 참정권은 보병이 될 능력을 가진 자에게만 한정되었다. 주요 고위 관직은 정액 지대를 납부한 기준에 따라 주어졌다. 집정관이나 재정관이 되려면 최소한 10개의 광산(1천 드라크마)을 소유하는 재력이, 군사령관이나 기병대장은 최소한 1백 개의 광산(1만 드라크마)과 합법적인 자식이 있어야 했다. 의회 의원은 30세 이상의 성인으로, 참정권을 가진 모든 사람들 중에서 제비뽑기로 정했다. 의원이 회의에 불참하는 경우에는 각자의 재산 비율에 따른 벌금을 부과함으로써 제재를 가하였다. 이런 식으로 부자들이 회의에 참여하도록 권장한 것이다. 벌금 액수와 현금으로 정해진 정액 지대는 이 법전이 위조된 것임을 증명해 준다. 왜냐하면 드라콘 시대의 아테네에서는 화폐를 사용할 줄 몰랐기 때문이다. 그러나 고위 관직을 부자들에게만 맡긴다든가, 보병의 자격을 갖춘 시민에게만 참정권을 허용한다는 생각은 당시에도 있었다.

• 솔 론

앞에서 이미 우리는 솔론이라는 인물이 제기한 문제들을 언급했다. 이 인물이 쓴 문학 작품의 단편이 남아 있어서 드라콘보다는 잘 알려진 인물이다. 그는 '부채 탕감(seisachtheia)' 조치를 실행해 채무로 인해 노예가 되는 것을 금지했고, 모든 사람들에게 동등한 법을 만들었다. 이렇게 하여 아테네 민주 정치의 기반이 되는 평등법의 기초가 세워졌다. 그리고 이 법은 한 세기 동안 개정되지 않도록 규정되었으나, 사실상 이 법이 시행되고 처음 수십 년간 많은 사항이 추가되었을 것이다. 그 결과 기원전 5세기 말엽 이 법에 대한 전반적인 개정을 하기 위해 입법위원회가 발족했다. 기원전 4세기 현행법의 대부분이 솔론에 의해 입안된 것이라고 보는 경향이 있다. 엄격히 말하자면, 솔론의 '파트리오스 폴리테이아'는 정치적인 차원에서 이중적 성격을 띠고 있다. 이 법은 한편으로는 정액 지대 납부자를 위한 것이었다. 고위 관직은 솔론이 정해 놓은 시민 등급 기준에 따라 맡을 자격이 주어졌기 때문이다. 상위 두 등급에 속하는 시민들만이 최고위 관직에 나아갈 수 있었다. 그러나 다른 한편으로 이 법은 모든 시민이 민회와 재판정에 참석할 권리를 갖도록 해주었다. 즉 시민이 참정권을 행사할 수 있도록 해주었던 것이다. 바로 이런 이중적인 점이 이 제도의 정액 지대 납부자 중심주의만을 채택하는 민주정 반대론자들과, 이 제도는 부자들에게만 고위 관직을 허용한다는 점에서 민중의 참정권에 부분적으로 제재를 가하는데도 불구하고 솔론을 아테네 체제의 **창시자**라고 추앙하는 자들이 솔론의 '파트리오스 폴리테이아'를 동시에 요구하는 이유인 것이다.

- 클레이스테네스

앞서 아테네 시민권을 역사적으로 살펴보면서 클레이스테네스 개혁의 중요성을 보았다. 《아테네 헌법》의 저자에 따르면, 그는 독재자들을 쫓아내고 '폴리테이아'를 대중(플레토스)에게 돌려 준, 다시 말하면 진정한 민주주의의 창시자였다. 그래서 기원전 411년 과두정 혁명이 일어났을 때, 《아테네 헌법》의 저자의 말에 의하면 '4백인 회의' 체제를 세운 법령에 클리토폰이라고 하는 자의 주도로 수정이 가해졌다. 이자는 이렇게 말했다: "새로운 법을 입법하기 위해 구성된 입법 위원들은 **클레이스테네스가 민주정 체제를 세울 때 정비한 법을 참조해야 한다. 이는 이 법을 참조하여 최선의 법을 만들기 위해서이다. 클레이스테네스의 헌법은 진정으로 민주적인 것이라고 할 수는 없지만, 솔론의 법과 유사하다고 여기면서 말이다.**"(XXIX, 3) 그리고 위원들은 '폴리테이아'는 아테네인들 중에서 인격적으로나 재정적으로나 국가의 직무를 맡기에 능력이 있는 5천 명의 사람들에게만 맡기기로 결정했다. 우리가 투키디데스의 저술을 통해서 어떻게 불법적으로 권력을 탈취했는지 알고 있는, 411년 혁명 주도자들이 이 점에서 놀라운 방식으로 과거를 이용한 것을 볼 수 있다. 클레이스테네스를 들먹거리는 것은, 그들이 정통성을 유지하는 것처럼 보이려고 현실을 어떻게 은폐하는가 하는 것을 보여 주는 것이다. 기원전 5세기말에 우리가 알 수 없는 이유로 시민 전체에 즈권을 부여했던 클레이스테네스——이소크라테스도 말하겠지만——는 이런 독재적인 사건이 일어난 후, 그저 솔론의 법을 재건하는 데 그친 인물이 되어 버렸다. 그리고 이렇게 해서 그는 다음 시대에는 솔론이라는 한층 모호한 인물 뒤로 사라지게 된 것이 분명하다.

'파트리오스 데모크라티아' : 이소크라테스의 〈아레오파고스에 대하여〉

기원전 4세기 중엽 특이하게도 이소크라테스의 저작 속에는 '파트리오스 폴리테이아' 의 주제가 줄기차게 다시 등장한다. 이소크라테스는 많은 아테네인 정치가들과 외국인 정치가들을 가르친 웅변술 교사였다. 두 차례에 걸친 과두정 혁명의 실패 이후, 과두정 옹호자라고 선언하기는 사실상 어려운 일이 되었다. 정치가들은 민중의 수동적 태도와, 이들을 쉽게 선동하는 정치인들의 좋지 않은 영향력, 무질서한 민회를 고발하면서도 연설에서는 자신들이 추종하는 정치 노선과는 상관없이 민주주의와 시민 평등권에 대한 신념을 표방하고 있었다. 이런 이유로 이소크라테스의 〈아레오파고스에 대하여〉에서는 '파트리오스 폴리테이아' 보다는 '파트리오스 데모크라티아' 가 화두였다. 이소크라테스 자신이 말하듯이 그는 원칙적으로 교사였다. 오늘날까지 전해 오는 그의 연설문은 학생들에게 보여 주기 위한 예문들이었으며, 민회에서 발표된 적이 없는 것들이었다. 〈아레오파고스에 대하여〉는 기원전 355/4년경 씌어진 것이다. 아테네가 2차 해상 동맹의 대부분의 동맹국들을 잃고 전쟁이 끝난 직후였다. 여기서 이소크라테스는 아테네가 패권주의를 포기하고, 제도가 안고 있던 모순들을 고치는 문제에 대해 말했다. "우리 법은 우리가 연구하지 않고, 개정하지 않아서 퇴락했다. 우리는 그저 일터에 앉아 현 상태를 고발한다. 민주정 체제하에서 이렇게 통치가 잘못 이루어진 적은 없다. 그러나 우리의 현실 속에서, 우리의 생각 속에서, 우리는 선조가 물려 준 법보다 우리 법에 더 많은 애정을 가지고 있다. 나는 우리의 법에 대해서 말하려고 한다. 사실 현재의 고통에서 벗어나고 앞으로 닥쳐올 위험을 피하기 위해 할 수 있는 유일한 일은, 민중의 가장 절친한 친구였던 솔론이 그 법을 만들고, 참주들을 쫓아내고 민중을 다시 불러들인 클레이스테네스가 재건한 옛날의 민주정 체제를 다시 세우는 일이다." 이 '파트리오스 데모크라티아'는 당시의 민주주의와는 구별되는 것이었다. 이것은 시민의 평등성에 기초하고 있었지만, 이 평등성이란 개인의 개별적인 능력을 감안한 것이었다. 그래서 가장 양식 있고 능력 있는 도시의 지도자를 뽑는 일은 제비뽑기가 아닌 선거로 이루어졌다. 그리고 그는 결론 내리기를: "간단히 말해서 이 시대의 사람들은 민중이 절대 권력자처럼 고위 관리를 구성하고, 잘못이 있는 사람을 처벌하고, 소송을 해결해야 한다고 정했다. 그리고 시간적·경제적 여유가 있는 사람들에게 봉사자의 자격으로 공직을 맡기며, 이들이 공무를 잘 수행했을 때는 칭찬해 주고, 이들은 이런 경우 얻게 되는 명예에만 만족해야 한다고 했다. 반면 이들이 공무를 제대로 수행하지 못했을 경우에는 어떤 용서도 있을 수 없으며, 무거운 형벌을 주기로 했다. 가장 능력 있는 자들에게 공직을 내주고, 민중이 다시 이들의 주인이 되는, 이런 민주정 체제보다 더 확고하고 정당한 민주주의를 어디에서 볼 수 있겠는가?"(§26-27) 이것이 바로 《아테네 헌법》의 저자가 몇 년 후 서술한 솔론식 민주주의이다. 그러나 이소크라테스는 이 제도의 민주적 성격을 강조하려고 애썼다. 그리고 부유층이 관대하여 빈민층이 비참한 상황에 처하지 않는 이 균형 잡힌 체제의 장점을 아레오파고스 회의가 가지고 있는 권력 덕분이라고 설명했다. "아레오파고스 회의는 빈민들에게 일자리를 주고 부유층의 도움을 끌어내 그들을 절망에서 구해 냈다. 젊은이들에게는 일자리를 주고 관심을 보여 주어 탈선을 막았고, 정치가들에게는 처벌과 그 처벌을 피할 수 없다는 점을 인식시킴으로써 부정을 막았고, 노인들은 도시에서 명예롭게 대우해 주고 젊은이들이 공경하게 해 실의에 빠지지 않게 했다. 모든 사람을 이렇게 잘 배려하는 법이 또 있을 수 있을까?"(§55) 그리고 반민주적인 의견을 표시한 것처럼 보인다는 비난을 고려한 듯, 이소크라테스는 그에게 있어 진정한 민주주의란 백성들에게 전심전력을 다하는 사람들이 세운 민주주의를 말하는 것이라고 재차 강조했다.

이 연설문–강의록에서 이소크라테스는 시민 집단이 어느 정도의 재산을 가진 자들만으로 범위가 축소되는 것을 권장한 것은 아니었다. 모든 시민이 선거권을 행사하고, 재판의 판결권을 가져야 한다고 주장했다. 단지 그들이 참여할 수 없는 일은 여가가 있는 부유층에게 국한되는 몇몇 직책뿐이었다. 이런 점은 현실 상황에 대해 어느 정도 합법적 가치를 부여하는 것이었으나 이 현실 상황에는 예외가 있었고, 바로 이 예외에 민중들은 매여 있었다.

3. 이론가들의 저술 속의 시민

그러나 당시 이론가들은 온건한 민주정을 세울 방법을 생각하고 있었다. 이 민주정은 시민 집단의 지상의 권리를 유지하면서 사실상은 이 권리를 제한하는 것이었다. 그 제한이란 바로 민회의 소집 횟수를 제한하는 것이었다. 이상적인 '폴리테이아'의 계획은 철학학파 안에서 고안되었다.

플라톤과 아카데미아

플라톤은 역사상 가장 훌륭한 철학자 중 한 사람이다. 그의 주요 저서는 대부분 그의 스승 소크라테스를 등장시킨 대화의 형식으로 오늘날까지 전해진다. 소크라테스는 기원전 399년 젊은이들을 타락시키고 아테네에 이교도 신들을 끌어들였다는 죄목으로 고발당해 민중 재판소에서 유죄 판결을 받아 사형되었다. 아테네의 부유한 가문 출신의 플라톤은 스승이 사형된 후 한동안 도시를 떠나 있었다. 그가 아테네로 다시 돌아온 것은 정치에 투신하기 위해서가 아니라, 철학 학교인 아카데미아를 건립하기 위한 것이다. 이 학교에는 곧 그리스 도시 전체에서 학생들이 몰려왔다. 기원전 4세기초부터 4세기 중반에 걸쳐 이루어진 대화 속에서, 플라톤은 모든 철학적인 문제들과 형이상학·논리·도덕 등에 대해 논의한다. 그러나 그의 지속적인 관심은 정의 추구였고, 그래서 그는 최상의 법에 대한 문제를 다루게 된다. 특히 두 가지 저술이 이 문제에 초점을 맞추고 있는데, 그것이 바로 《국가》와 《법률》이다.

• 《국가》

칼케돈의 소피스트 트라스마코스의 열렬한 주장에 답하기 위해 소크라테스는 이상적 도시에 대한 안을 구상하기에 이르는데, 그 결과 정의란 무엇인가를 규정하게 된다. 그는 처음부터 시민들의 불평등을 자명한 것으로 상정했다. 그것은 선천적인 불평등으로, 비록 세습적인 것은 아니라 할지라도 그가 세 그룹으로 구분한 고유한 성격에 기초한 불평등으로 보았다. "나는 이렇게 말할 것이다. 도시의 구성원인 당신들, 당신들은 모두 형제다. 하지만 당신들을 창조한 신은 당신들을 지휘할 능력이 있는 사람을 만들 때는 금을 넣었다. 그래서 그는 가장 고귀한 사람이 되었다. 또한 신은 도시의 수호자(군인이나 경찰)를 만들 때는 은을, 노동자와 수공업자를 만들 때는 철과 동을 넣었다. 당신들은 모두 같은 뿌리에서 나왔으니 대체로 당신들은 당신들을 닮은 자식들을 두게 될 것이다. 그러나 금으로부터 은으로 된 파생물이 나오기도 하고, 은으로부터 금으로 된 파생물이 나오기도 하고, 마찬가지로 다른 금속들간에도 이런 식의 변형물이 나올 수도 있다." (415a-b) 그래서 행정관들은 도시에서의 역할 분담이 잘 이루어질 수 있도록, 이런 이동이 일어나는지 살펴보아야 한다. 이어지는 대화에서는 체제 수호자(군인과 경찰)에 대해 보다 상세히 언급하고 있다. 바로 이들을 위해서, 《국가》에서 그려진 이상적인 도시의 핵심적인 특징인 재화·여성·아이들에 대해 전제적인 공동체의 체제가 세워질 것이다. 우리가 관심을 갖고 있는 시민권에 대한 항목을 보면, 농민과 수공업자는 이 도시의 구성원임에도 불구하고 거기에서 어떤 정치적인 권리도 갖지 못할 것이라는 바는 명백하다. 그러나 도시의 안전을 감시해야 하는 체제 수호자 역시 정치적인 권리를 갖지 못하는 것처럼 보인다. 도시 전체를 위해 정당하고 유익한 일을 결정하는 수고는 통치 계급의 사람들, 즉 금으로 된 족속, 다시 말하면 철학자들의 손에 맡겨두는 것이다. 《국가》에 그려진 도시는 종종 스파르타에 비교되었다. 《국가》의 도시에서 농민과 수공업자는 노예는 아니다. 하지만 이들은 그리스인들에게는 시민의 고유 권한이라고 여겨지는 참정권을 박탈당한 시민이다. 게다가 플라톤은 이런 우화나 소설에 있을 법한 이야기를 실현할 가능성에 대해서는 전혀 생각지도 않았다.

- **《법률》**

《법률》의 대화는 플라톤의 마지막 저술이다. 여기에 소크라테스는 등장하지 않는다. 그렇지만 한 아테네인이 크레타인 클리니아스와 스파르타인 메길리오스, 이 두 인물과 대화를 한다. 플라톤이 크레타인과 스파르타인을 선택한 것은 우연이 아니다. 크레타와 스파르타에는 전설적인 두 입법자의 이름이 연결되어 있었다. 그들은 미노스와 리쿠르고스로 그리스인들에게는 가장 훌륭한 입법자로 여겨지고 있었다. 게다가 리쿠르고스는 입법할 때 크레타 법에서 착상을 얻은 것으로 흔히 알려져 있다. 이 저술에서 크레타인 클리니아스는 식민지를 창설하기 위해서 이 법을 다시 검토할 임무를 맡았다. 그리고 미래의 식민지 법의 입안에 이 무명의 아테네인이 큰 관심을 보이며 법안을 제시한다. 다른 두 사람의 대화자는 그저 동의를 표하는 데에 그친다. 물론 이 일을 주도하는 아테네인은 플라톤 자신임이 분명한데, 이런 사실은 의미가 있다. 이 저술을 연구한 많은 학자들이 지적했듯이, 여기서 거론된 미래 식민지 법안들이 아테네의 법을 상기시키기 때문이다. 아테네에서와 같이 이 시민 사회에도 시민과 이방인과 노예가 있으며, 시민들은 그들의 재산 정도에 따라 4개의 납세 등급으로 분류된다. 또한 민회와 의회도 있다. 그러나 유사점은 이 정도에서 그친다. 우선 수공업자는 《법률》에서 말하는 도시에서 제외되고 있다. 정확히 말하자면, 식민지 창설 당시 일정한 토지를 배당받은 모든 시민들은 이 토지에서 나오는 수입으로만 살아야 하고, 다른 상업이나 수공업 활동에는 종사할 수 없도록 되어 있다. 그러나 특히 제도의 운영에 관한 부분에서 가장 중요한 차이점이 드러난다. 모든 시민은 이론적으로 민회에 참석할 권리가 있다. 그러나 이 민회의 권한은 정해져 있지 않고, 때때로 그 결정은 만장일치로 이루어져야 효력이 발생하기도 한다. 반면 의회의 권력은 매우 확장되어 있다. 그러나 이 의회는 아테네의 의회와는 다른 기준으로 구성되어 있다. 사실상 각각의 계급은 이 의회에서 동수로 의회를 구성한다. 이런 사실은 상식적으로 생각하기에 그 수가 적을 수밖에 없는 부유층의 대표자가 비율상으로 볼 때 크다는 것을 의미한다. 게다가 의회에서나 민회에서나 부유층은 항상 참석하도록 조치가 취해지나, 빈민층에게는 이런 강요가 이루어지지 않는다. 부유층의 결석은 벌금으로 처벌한다. 이런 점에서 아리스토텔레스의 경우에서도 다시 보게 되는 한 가지 염려가 확인된다. 그것은 시민의 가장 많은 수를 구성하고 있는 최빈민층의 표의 위력을 피하기 위해, 민주주의의 기초를 이루고 있는 다수결의 원칙을 왜곡시킨다는 사실이다. 게다가 여기서는 언급하지 않지만, 이론상으로 평등한 것으로 상정된 시민들 사이의 불평등을 가중시키는 조치들이 더 있다. 하지만 이런 조치들의 목적이 무엇이었는지는 잘 알 수 있다. 그것은 바로 부유층, 즉 여가가 있는 사람들에게 사실상 도시의 운영권을 주자는 것이다. 공평한 토지 분배, 엄격히 통제된 교육, 밀착 통제된 시민 생활이 보이기는 하나 《법률》에 묘사된 도시는 이런 점에서 이소크라테스가 〈아레오파고스에 대하여〉에서 언급한 다소 이상적인 과거 속의 아테네와 유사하다.

아리스토텔레스

아리스토텔레스는 기원전 4세기에 살았던 그리스의 또 한 명의 위대한 철학자이다. 플라톤과 달리 그는 아테네인이 아니었으나 플라톤의 강의를 듣기 위해 아테네에 왔다. 그리스 북부 스타이게리아 출신으로, 마케도니아 궁정 의사의 아들이었다. 바로 이런 이유로 해서 그는 어린 알렉산드로스의 교육을 위해 필리포스 왕에게 불려 갔다. 그리고는 다시 아테네로 돌아와 자신의 학교인 리케이온을 세웠다. 백과사전적 정신의 소유자였던 그는 사고의 모든 영역에 관심을 가졌다. 많은 자연과학 이론을 정립했고, 최초의 정치학 이론서를 내놓았다. 이 저서는 당시 존재하는 법에 대한 자료들을 아리스토텔레스와 그의 제자들이 모아서 만들어 낸 법에 대한 고찰이다. 오늘날에는 그가 수집한 1백 50개 법 중에서 이 책에서 자주 언급되는 《아테네 헌법》만이 남아 있다. 그러나 그의 위대한 저서 《정치학》은 마지막 장들만 소실되었을 뿐 거의 완전하게 남아 있다. 이 저서는 그리스 정치 제도와 시민 정치를 특히 잘 설명해 주는 소중한 자료인 동시에 연구서이다.

• 시민에 대한 정의

사실상 시민에 대한 정의의 필요성 문제가 처음으로 제기된 것은 《정치학》에서이다. 아리스토텔레스는 책의 첫부분에서 도시가 어떻게 형성되었는지 설명한 후, 모델로 제시된 법——플라톤이나 다른 이론가들이 고안해 낸 법처럼 이상적인 것이든, 스파르타나 크레타의 법들처럼 실제적인 것이든간에——들을 비판한 다음 현존하는 법들에 대한 검토를 한다. 그는 도시를 시민 공동체로 정의하고 있기 때문에, 우선 시민이란 무엇인가를 아는 것이 중요하다. 사실상 "시민의 개념은 이론의 여지가 있다……. 민주정하에서 시민은 종종 과두정하의 시민이 아니다." (III, 1275a 3-5) 그가 보기에 **엄밀한 의미의** 시민이란 재판 업무와 행정 업무를 수행할 수 있는 사람이다.(1275a 22-23) 아리스토텔레스는 이 행정 업무 속에 한시적으로 이 일을 수행하는 것뿐만 아니라 **무한한 임기의** 행정 업무, 예를 들면 민회에 참석하는 일까지도 포함시켜서 생각했다. 이런 직무를 기준으로 한 시민의 개념에는 여자와 아이, 그리고 중장 보병만이 민회에 참석할 수 있는 도시의 경우에는 징집 해제된 노인은 배제된 것이다.

이 개념은 아테네의 경우에는 잘 맞는다. 아테네에서는 민회에 참석한다는 것이 행정 업무를 수행하는 것에 해당하는 것으로 여겨졌기 때문이다. 이런 사실은 아리스토텔레스가 살았던 시기에는 민회에 참석하면 수당을 받았다는 점을 상기해 보면 놀라운 일이 아니다. 게다가 아리스토텔레스 자신도 강조했듯이 민회에 참석하는 일을 무한한 임기의 행정 업무인 것으로 인정하고 나면, 시민에 대한 이런 개념은 무엇보다도 민주정 체제하의 시민 개념에 잘 맞는다. 하지만 과두정 체제가 존속하는 다른 도시의 경우에는 정기적으로 소집되는 민회도 없고, 재판 업무도 모든 사람에게 개방된 것이 아니었다. 그래서 아리스토텔레스는 자신의 정의를 약간 수정했다. 시민이란 의사 결정권과 재판 업무를 수행할 **가능성**을 가진 모든 사람이다. 때로는 이들이 자신들의 권리를 행사하지 않는 경우가 있다 하더라도 말이다.

아리스토텔레스는 정치적·사법적 활동과 시민권을 분리시켜 생각지 않고 있음을 알 수 있다. 그렇기 때문에 그는 자신이 보기에 도시에 살고는 있지만 이런 직무를 수행할 능력이 없다고 생각되는 자들——이들의 생업의 형태 때문에——은 시민이 아니라고 생각했다. 주로 수공업자들이 이런 경우에 해당했다. 이들은 이상적인 도시에서는 시민이 되지 않는다. 하지만 그는 사정이 반드시 그렇지만은 않다고 해야 할 것이다. 그것은 민주정에서뿐만 아니라 납세 유권자로 된 과두정 체제——여기에는 부유한 수공업자가 많이 있다——에서도 그들을 시민으로 인정했던 것이다. 그래서 다양한 정치 체제하의 다양한 시민의 범주를 이해하기 위해서는 이 체제들을 검토할 필요가 있다.

• 법의 분석

법에 대한 분석은 아리스토텔레스의 풍부하고 복합적인 저서의 가장 많은 부분을 차지한다. 연구가들이 **현실적인** 장이라고 부르는 부분에 실린 그의 고찰은 그가 제자들로 하여금 수행하게 한 연구에서 빌려온 예에 의존하고 있다. 이 장을 중심으로 그의 저서 전체를 분석하는 것은 물론 불가능하다. 단지 이 점에 주목할 필요가 있다. 기원전 4세기 후반의 아리스토텔레스가 보기에는 사실상 두 가지 형태의 법 체제가 있었는데, 그것은 바로 민주정과 과두정이었고, 이 "두 체제를 구별짓는 진정한 차이점은 가난과 부유였다. 가난한 자는 어디서나 다수였고, 부유한 자는 소수였다."(III, 1279b 39sqq) 그리고 부자와 가난한 자 사이의 이런 수적인 불균형 때문에 아리스토텔레스는 민주정을 비판하게 되었다. 민주정에서는 모든 시민들이 절대적으로 평등해야 한다는 원칙하에, 당연히 다수인 가난한 자들이 늘 승리할 수밖에 없기 때문이다. 그렇다고 해서 그가 과두정을 옹호한 것은 아니었다. 과두정은 의사 결정에서 다수를 배제함으로써 항상 갈등의 요인을 만들고, 그 결과 체제의 불안정을 가져온다고 비난했다. 그리고 불안정은 혼란으로 이어지고 시민 사회의 분열, 당시의 그리스 세계가 그렇게도 많은 예를 보여 주었던 '시민들간의 부조화(stasis)'에 이르게 된다. 그러므로 안정된 체제를 구축하기 위해서는 이런 불평등에서 비롯된 단점을 보완해야 한다. 그것은 이미 보았듯이 계층간의 적대감을 심화시키는 **산술적** 평등에 기초한 민주정을 구축하는 것이 아니라, 깨어진 균형을 재구축하는 **비례적** 혹은 **기하학적** 평등에 의한 민주정을 구축하는 것이다. 예를 들면 민주정하에서는 부자와 동등한 수만큼 가난한 사람에게 투표권을 준다든가, 혹은 과두정하에서는 의사 결정에서 배제된 사람들에게도 어떤 일에는 일시적으로 참여권을 준다든가 하는 방법이 있다. 이런 것들은 물론 임시방편에 불과하다. 이상적인 것은 중장 보병들만이 민회에 참석할 권리가 있었고, 이 민회는 자주 열리지 않았고, 많은 사람이 참석하지도 않았으며, 대부분의 시민은 자신들의 토지에 의존해 살면서 가끔씩만 시내에 왔던 시절에 도시가 누렸던 균형을 되찾는 것일 터이다. 이 점에서 아리스토텔레스는 '파트리오스 폴리테이아'나 '파트리오스 데모크라티아'를 주장한 사람들과 의견이 일치한다. 그는 이 안정된 체제를 단지 '폴리테이아'라고 불렀지만 말이다. 게다가 그의 스승인 플라톤처럼 현존하는 어떤 법 체제도 전적으로 받아들일 만하지는 않다고 했다. 그래서 그의 저서는 불행히도 완성하지는 못했지만 이상적인 도시에 대한 계획으로 이어진다.

• 이상적인 도시

《정치학》의 마지막 두 권 속에 아리스토텔레스가 생각한 이상적 도시에 대한 프로그램이 들어 있다. 지리적 위치의 선택, 영토 확장, 인구수와 같은 문제들이 우선 거론되었다. 시민에 대해서 아리스토텔레스는 그 수가 너무 많지 않게 제한되어야 한다고 생각했다. "도시의 인구가 너무 적으면 도시는 자급자족할 수 없다……. 반대로 인구가 너무 많으면 기본적인 필요는 충족할 수 있겠지만, 그것은 민족 공동체가 되는 것이지 도시가 되는 것은 아니다. 이 경우에는 정치 기구를 갖추기가 용이하지 않기 때문이다."(VII, 1326b 1-5) 사실 그리스인들은 직접 참여하는 정치 외에는 이해하지 못했으므로, 아리스토텔레스가 말했듯이 규모가 너무 큰 도시에서는 의사 전달이 어려울 것이라고 여겼다. "개인의 능력에 따라 직무를 떠맡고 권리를 정하려면 시민들은 서로를 알아야만 한다."(VII, 1326b 15-16) 완벽한 도시에서는 모든 사람들이 다른 일을 맡는다. "이상적인 것은 도시가 **자급자족 체계이면서 식량을 공급하는 다수의 농민, 수공업자, 전사 계급, 부유층, 사제, 그리고 권리와 이해 관계를 판단해 주는 재판관으로 구성되는 것이다.**"(VII, 1328b 20sqq) 그렇지만 공동체 생활을 하는 데 필요한 모든 사람들이 시민이 될 수는 없다. "**완벽한 도시에서 시민은 육체 노동자이어서는 안 되고, 상인이어서도 안 된다. (이런 종류의 삶은 품위가 없고 미덕에 어긋나기 때문이다.) 게다가 시민이 되는 자는 농부도 아니어야 한다. 미덕을 갖추고 정치 활동을 하기 위해서는 여가가 있어야 하기 때문이다.**"(VII, 1328b 39-1329a 2) 정치 활동은 청년들의 몫인 전사의 임무에서 벗어난 장년층의 일이다. 성직은 토지 소유권을 가질 수 있는 집단과 동일한 집단에게만 주어진다. 이들은 노년에 이르러 다른 직책은 내놓은 자들이다. 젊었을 때는 통치를 당하지만 일정 연령이 되면 자신들이 통치자가 되는 이 시민들에게는, 이들이 계승하게 될 역할에 합당한 교육이 이루어지는 것이 중요하다. 다시 말하면 스파르타 시민들이 받았던 특별한 군사 교육 같은 것은 이상적 도시에는 맞지 않는다. 여기서는 음악에 다른 활동보다 매우 큰 중요성을 부여하는데, 음악은 이 도시의 목표가 되는 것을 시민에게 해줄 수 있기 때문이다. 그 목표는 다름 아닌 행복한 삶이다.

아리스토텔레스는 플라톤과는 달리 이상적 도시의 제도에 대해서는 설명하지 않았다. 세부적인 사항에서 상당한 차이가 있기는 하지만, 플라톤과 마찬가지로 아리스토텔레스는 이상적인 도시의 시민은 자유민이 할 만한 두 가지의 일, 바로 전쟁과 정치에만 전념할 수 있어야 하며, 땅을 경작하는 일은 노예와 소작인에게 맡겨야 한다고 했다. 경작하는 일은 정치인이 될 수 있는 소양을 습득하는 데 필요한 여가를 주지 못하기 때문이다. 이 사실에 비추어 보면, 이론가들이 아테네에서 세운 이론들이 얼마나 아테네 사회의 현실과 동떨어져 있었는지를 알 수 있다. 소크라테스가 말했다고 크세노폰이 전하는 바에 의하면, 이 도시에서는 권력이 직조공과 구두제조공·목수·용접공·농부·상인, 그리고 최대한 싸게 사서 최대한 비싸게 팔 궁리만 하는 무역상으로 이루어진 민회에 의해 좌지우지되고 있는 것이 현실이었다.(《기억할 만한 일들》, III, 7, 6) 하지만 철학자들이 아테네에 살면서 가르치고, 이상적인 도시 계획을 세운 것은 바로 이런 현실에 대항하기 위해서가 아니었던가?

문헌 자료

[과두정 옹호론]

국정은 과두정에 맡겨야 한다고 하며 메가비조스는 이렇게 말했다: "오타네스가 독재 체제를 폐기해야 한다고 말한 데 대해서는 나도 전적으로 동의하지만, 권력을 민중에게 맡겨야 한다는 견해는 현명하지 못하다고 생각되오. 아무 쓸모없는 대중보다 더 무모

한 자는 없소. 따라서 참주의 폭정을 피하기 위해서 이렇게 더 광포한 자들의 폭정에 빠지는 일이 용납되어서는 안 되오. 참주는 그래도 최소한 행동에 대한 의식은 있소. 하지만 대중은 그것조차 없소. 본래 무엇이 옳은지 정당한지 배운 일도 없고, 이것을 스스로 깨달을 능력도 없는 자들이 어떻게 그런 의식을 할 수 있겠소? 대중은 마치 격류처럼 생각없이 국사에 뛰어들어 흔들어댈 뿐이오.

페르시아에 해악을 끼치고자 하는 자들이나 민주 정치를 생각할 것이오. 가장 우수한 인재 한 무리를 선발하여 그들에게 권력을 줍시다. 그리고 물론 우리들도 그 속에 포함되어야 하오. 가장 우수한 인간들이 최선의 결정을 내리는 것은 당연한 이치니까."

—— 헤로도토스, 《역사》, 제3권, 81.

〔선조들의 법〕

옛날에 도시를 통치하던 사람들은 오늘날 우리가 가장 넓고 유연한 이름을 부여하는 그런 법을 만들지 않았다. 그들이 만든 법은 이 법을 어긴 사람에게 법령을 들이대며 법의 정의를 보여 주는 것이 아니라 시민들을 교육시키는 법이었다. 무질서를 민주 정신이라고, 위법을 자유라고, 방종한 의사 표현을 평등이라고, 그렇게 행동하는 것이 행복이라고 주장하는 사람들을 교육하는 것이었다. 이 법은 이런 종류의 사람들을 배척하고, 이들에게 벌을 주면서, 모든 시민들의 자질을 높이고 현명하게 만들었다. 도시의 조직이 잘 이뤄지도록 한 것은, 그들이 오늘날 우리가 알고 있는 두 종류의 평등권 가운데 더 유용한 것을 알아본 때문이다. 두 종류의 평등권 중 하나는 선한 자든 악한 자든 모두 평등해야 한다는 것이었는데, 이것은 불합리한 것으로 여겨졌다. 다른 하나는 사람은 그들의 장단점에 따라 존경도 하고 처벌도 해야 한다는 것인데, 그들은 이런 의미의 평등권을 선택한 것이다. 이런 의미에서 도시의 정책을 결정하게 되었고, 그래서 도시의 행정관을 뽑을 때도 시민 중에서 제비뽑기로 정하는 것이 아니라, 그 직무에 적합한 자질과 능력을 갖춘 사람을 지명해 뽑았다. 이렇게 해서 나머지 시민들도 그들 정부의 우두머리가 된 사람을 닮아 가려고 노력하게 되기를 기대했다.
—— 이소크라테스, 〈아레오파고스에 대하여〉, 20-22.

〔실현 가능한 이상적 도시〕

우선 전체 시민수가 어느 정도여야 할지를 정해야 한다. 그리고는 전체 시민을 배치하는 데에 동의해야 한다. 계층의 수와 성질에 따라 시민을 분산·배치하는 데에 합의해야 한다. 계층간에 가능한 한 공평하게 토지를 분배하고, 주민을 배치해야 한다. 적정한 주민수는 토지의 크기에 따라, 그리고 이웃 주민과의 관계를 고려하여 정해야 한다. 토지의 크기는 정해진 수의 주민을 부양하는 데 적당해야 하며, 그 이상으로 커서는 안 된다. 하지만 주민의 수는 그들에게 피해를 주는 이웃을 물리칠 수 있을 정도는 되어야 하고, 또 그들에게 도움을 청하는 이웃이 있을 경우 도움을 줄 수 있을 정도가 되어야 한다……. 우리의 법은 지향하는 목표가 있다. 시민들에게 최선의 행복을 누리고, 시민들 사이에 가능한 한 우애를 갖도록 하는 것이 바로 그것이다. 그러나 그들 사이에 잦은 소송과 차별 대우가 있는 한, 절대로 그들 사이에 우애가 생길 수 없다. 이런 일은 가능한 한 경미하게, 가능한 한 일어나지 않게 하는 수밖에 없다.

그리고 이 도시에서는 돈이나 금 따위는 필요가 없다. 뿐만 아니라 수공업, 고리대금업, 수치스럽게 행해지는 목축업이 만들어 내는 상업 활동 역시 필요 없다. 단지 농업적 생산만이 있을 뿐이다. 그리고 이 생산물의 거래도 화폐라는 것이 생겨나도록 만든 '그것'을 경시하도록 하지 않는 정도에서만 필요할 뿐이다. 그것이란 훈련이나 그밖의 교육을 받지 않았다면 언급할 가치가 없는 정신과 육체를 뜻한다.

―― 플라톤, 《법률》, V 737c-d; 743c-d.

〔좋은 법 체제의 필요성〕

가장 우수한 시민들이 통치하지 않고 반대로 빈민층이 통치하는 도시에서 법에 의한 통치는 불가능하다고 생각된다. 마찬가지로 법의 지배하에 있지 않은 도시에는 귀족 정치도 불가능하다고 생각된다. 아무리 좋은 법 체제를 갖고 있더라도 실제로 복종하지 않으면 법의 지배는 확립될 수 없다. 좋은 법 체제란 첫째로는 법 체제에 대한 실제적인 복종으로, 둘째로는 사람들이 복종하는 그 법이 잘 제정되었음을 의미한다.

―― 아리스토텔레스, 《정치학》, IV, 1294a 1-6.

〔교육의 필요성〕

헌정 질서의 안정을 확보하기 위해 우리가 강구한 모든 수단 중에서 가장 훌륭하지만 오늘날 일반적으로 등한시되고 있는 것, 그것은 바로 헌정 질서에 부합하는 교육 제도이다. 시민들이 교육과 습관에 의해 그 헌정 질서에 맞는 성향을 갖도록 조정되지 않았다면, 시민들의 만장일치에 의해 정해진 최선의 법률들도 아무런 의미가 없다. 즉 민주적인 법률들이 있다면 민주적인 성향을, 과두 정치적인 법률이 있다면 과두정의 성향을 가져야 한다. 개인이 그러하듯 도시도 자제력을 상실할 수 있다. 시민들을 그들의 헌정 질서 정신으로 교육한다는 것은, 과두 정치를 지지하는 사람들을 자신들 마음대로 하게 하는 것이 아니라 과두정 체제가 존속할 수 있게 하는 것을 가르치는 것이고, 민주정을 주장하는 사람들을 민주정 신봉자가 되게 하는 것이 아니라 민주적으로 통치할 수 있도록 가르치는 것이다.

—— 아리스토텔레스, 《정치학》, V, 1310a 12-22.

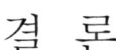

결 론

 이제 우리는 시민권에 대한, 아니 보다 정확히 말하자면 그리스 시민권에 대한 이 간략한 글을 마감하려고 한다. 도시국가가 절정기에 달했었던 고전기에 대한 우리의 자료는 주로 아테네에 대한 것들이었기 때문에 우리 연구의 중심은 아테네였다. 그것은 시민권이 가장 발전했고, 시민이라는 **소임**이 일상의 현실이 되었던 곳이 아테네였기 때문이기도 하다. 출생과 재산 정도에 따른 불평등이 여전히 지속되고 있긴 했지만, 기원전 6세기말부터 시민들간의 평등권이 처음에는 사법적으로, 그리고 이어서 정치적으로 실현되었다. 아테네인이었던 모든 사람들에게, 민회에서 표를 던져 도시의 정치적 결정에 참여할 수 있는 가능성이 주어진 것이다. 다른 도시에서도 마찬가지였을 것으로 추측해 볼 수 있다. 페르시아 전쟁 말기부터 아테네가 그리스 세계에서 패권을 장악함으로써 이런 민주 제도는 에게 해 주변 지역에 전파되었을 것이다. 그 결과 기원전 4세기말 아리스토텔레스가 **엄격한 의미**에서의 유일한 시민권이라고 간주했던 적극적인 시민권이 일반화되었을 것이다. 그러나 그리스 세계의 대부분의 도시에서는 출생, 재산, 토지 소유의 가능성과 같은 보다 엄격한 기준에 의해 시민 공동체의 구성원이 결정되었다. 게다가 공동체의 일원이 된다고 해서 정책 결정에 실제로 참여한다는 의미는 아니었다. 이런 참여는 상당히 적은 수의 시민에게만 주어졌다. 그리스 사회가 경험한 사회 혼란, 특히 펠로폰네소스 전쟁 동안 겪은 혼란으로 해서 고전기의 두 세기 동안 시민 공동체의 계급이 확장되는 변화를 겪게 된다. 그러나 이와 동시에——아테네의 역사는 이 점에 있어서는 매우 명확하다——민중 계급의 확장과 민중 권력의 확장은 반작용을 불러일으켜 완전한 권리를 가진 시민의 수를 축소하려는 생각들이 생겨나게 했다. 시민권에 대한 이론적 고찰을 살펴보면 이런 반작용의 정도를 알 수 있다. 이런 반작용이 그리스 세계에서 시민권의 변천에 구체적인 영향을 주었는가? 이 질문에 답하기는 쉽지 않다. 헬레니즘 시대에는 특히 에게 해의 아시아 쪽 도시들의 많은 기록들에 의하면 시민 정치 활동이 활발했음을 알 수 있다. 민회와 의회가 열리고, 도시 생활에 대한 여러 가지 법령이 투표에 부쳐졌다. 그러나 이 도시들은——로데스는 제외하고——알렉산드로스 대왕의 제국에서 탄생한 국가들의 왕이 지배하던 에게 해 지역에서 미미한 역할밖에는 하지 못했다. 기원후 2세기에 살았던 역사가 폴리비오스에 의하면, 유럽 쪽 그리스에서는 대다수 도시들이 빈곤으로 내부적 혼란에 빠져 있었고, 이런 혼란이 도시 전체의 생활을 불안정하게 만들었다고 한다. 피라이에우스 항에 주둔하고 있었던 마케도니아군이 지속적으로 통제했던 아테네는 찬란했던 과거에 대한 추억과 철학학파의 명성 속에서만 살고 있었다. 그리스 도시 곳곳에서 형식적인 시민 사회는 지속되고 있었지만, 사실상 도시는 도시의 유력자들에 의해 지배되고 있었다.

그래서 그리스 세계에서의 시민권의 전성기는 서구 문명의 역사에서 보면 상대적으로 짧은 순간에 해당된다. 물론 그리스 문명과 함께 지중해 서쪽에서는 로마 시민 사회가 형성되었다. 로마 시민 사회의 특징을 여기서 논하고자 하는 것은 아니다. 첫째, 로마 시민 사회는 시민권을 가진 사람들의 평등성을 반영한 것이 아니다. 이 도시가 허용한 권력을 행사하는 데는 계급이 존재했고, 토지세 납부 정도에 따라 정해진 사회적 불평등이 이런 권력 행사의 정도를 결정했기 때문이다. 빈민은 가장 중요한 회의인 1백인 회의에서 투표권을 행사할 수 없었다. 그리고 로마 시민권은 '시민'에서 점점 더 멀리 떨어진 계급까지 확장됨에 따라, 어떤 기능을 수행하기보다는 신분 그 자체가 되어 버렸다. 이런 법은 카라칼라 황제가 로마 제국의 모든 자유인에게 로마 시민의 자격을 부여하도록 할 때까지 존속했다.

그러나 그리스 시민권과 같이 로마 시민권도 로마 시민의 절대 권위를 내포하고 있었다. 비록 이 절대 권위를 원로원과 공유하고 있었다고 할지라도 말이다. 바로 이 점에서 이 **고대 공화국**들이 프랑스 대혁명을 이끈 사람들을 매료시켰던 것이다. 이 사람들이 '왕'의 백성들을 '국가'의 시민으로 바꾸고, 그렇게 해서 **시민**이라는 단어에 새로운 가치를 부여하여 역사 속에 등장시키고자 했을 때 말이다.

기구에 대한 간략한 용어집

아고라: 그리스 도시에 있는 공공 광장. 이곳에서 민중들의 집회가 시작되었다. 아테네에서는 프닉스 언덕으로 집회장이 옮겨간 후, 아고라는 경제 활동과 지역간 교역의 장소가 되었다.

아르콘: 많은 도시에서 아르콘은 가장 중요한 행정직이었다. 아테네에서는 처음에는 3인이었으나 여기에 6인의 입법관과 서기가 더해졌다. 직무는 주로 사법적인 것과 종교적인 것이었다. 임기는 1년이었고, 제비뽑기로 정해졌다.

아레오파고스: 아테네에서 전직 아르콘으로 구성된 회의 조직. 아르카이즘 시대에는 사법상의 직무를 수행했으나 기원전 462/1년 에피알테스가 직무의 일부를 빼앗아 버렸다. 그러나 도시가 곤경에 처했을 때 여러 차례에 걸쳐 도시와 법을 수호하는 역할을 했다.

참정권 박탈: 국가에 빚을 진 사람이나 불법적인 행동을 한 사람을 벌하는 방법으로서 정치 참여권을 박탈하는 것.

평의회(불레): 민회에서의 논제를 준비하는 제한된 회의. 아테네에서는 매년 제비뽑기로 선출한 5백 인의 의원으로 구성되었다. 특히 이 회의에서 행정관의 임용과 해임을 결정했다. 30세 이상의 시민이면 누구나 선출될 자격이 있었으나, 일생에 2회 이상은 선출될 수 없었다. 의원은 하루에 5오볼로스와 의원직을 수행하는 35일 혹은 36일 동안 1드라크마의 세비를 받았다.

선동정치가(데마고그): 아테네에서는 민중의 편을 든다고 하는 웅변가들에게 이런 이름을 부쳤다. 이들에 적대적인 진영은 이들이 민중을 올바른 길로 인도하기보다는 민중에게 아첨한다고 비난했다.

데메: 고대 그리스 영토의 행정 구분 단위. 클레이스테네스가 아테네 땅과 주변 지역을 1백여 개의 데메로 나누고, 30개 구역의 10개 부족으로 묶었다. 한 데메에 속한 시민들은 구역장이 주도하는 민회에 참석했다. 구역장은 성년이 된 아테네 시민이 등록된 명부를 가지고 있었다. 아테네인들은 그들의 이름 뒤에 데메명을 붙였다.

민중(데모스): 그리스어로 '민중'은 두 가지 의미가 있다. 예를 들면 법령과 같은 공식적인 문구에서는 시민 공동체를 가리킨다. 반면 문학적인 문구에서 민중은 귀족이나 유력자·부자에 상반되는 서민을 의미한다. 민중에게 주권이 있는 민주정도 역시 이렇게 두 가지 의미가 있다. 도시의 체제 수호자의 입장에서 보면 모든 시민의 주권을 말하는 것이고, 이들의 반대 진영의 입장에서 보면 시민의 다수를 차지하는 가난한 사람들의 주권을 말하는 것이었다.

민회(에클레시아): 전체 시민의 회의. 아테네에서는 평의회에서 제출한 법안을 수정하고 의결하는 권리를 가진 집단이다. 다른 민주정 체제하의 도시에서도 마찬가지였다. 반면 과두정 체제하의 도시에서 '민회'는 그 역할이 축소되어 있었다. 법안 결정권이 없었으며, 또한 정기적으로 열리던 아테네 민회와는 달리 특별한 경우에만 소집되었다.

전시세(아이스포라): 아테네에서 '아이스포라'는 펠로폰네소스 전쟁 이후 신설된 세금으로 전시에만 예외적으로 거두었다. 기원전 4세기에는 '아이스포라'를 더욱 자주 거두어들이게 되었다. 그래서 이 세금 징수에 개정이 필요하게 되었다. 기원전 4세기초 3만 명에 달하던 시민들 중 수천 명 정도만이 '아이스포라'를 내도록 강요되었던 것으로 보인다.

병역 의무(에페비아): 에페비아는 원래 청소년이 성인이 되기 전에 2년간 사회에서 격리되는 제도였다. 기원전 4세기 후반 아테네에서 에페비아는 도시의 모든 젊은이가 소집되는 일종의 병역 의무가 되었다.

시민 법정(헬리아이아): 아테네의 민중 재판소. 행정 소송이나 민사 소송을 다루는 재판소였다. 살인죄는 아레오파고스에서 재판했다. 기원전 5세기에는 매년 30세 이상의 모든 아테네 시민 가운데서 6천 명의 재판관을 제비뽑기로 뽑았다. 이후 이들은 재판관에 대한 압력을 행사하거나 뇌물을 주지 못하도록 한 매우 복잡한 새로운 방식의 제비뽑기를 거쳐 선출되어, 여러 법정의 재판정을 구성하게 되었다. 이 시민 법정의 재판관은 재판이 열릴 때마다 매회 3오볼로스의 보수를 받았다.

재정적 후원(리투르기아): 가장 부유한 시민들이 부담하는 비용. 아테네에서 가장 큰 비용이 드는 사업은 함대 유지(트리에라르키아)와 연극 공연에 참가하는 합창대 유지(콜레기아), 희생물을 바쳐야 하는 공공 향연의 재원을 조달하는 일(헤스티아시스)이었다. 부자들은 여러 사업에 재정을 지원하는 것을 자랑스럽게 여겼다. 하지만 기원전 4세기 그들의 부담은 늘어만 갔고, 재원을 대도록 강요당한 사람들의 반발이 빈번히 일어났다.

메테크: 아테네에서 도시의 영토 안에 살도록 허락받은 외국인. 이들은 '메토이키온(métoikion)'이라는 세금을 1년에 한 번씩 내야

했다. 또한 이들은 병역의 의무가 있었으며, 이들 중 부유한 사람들은 '아이스포라'를 내야 했다. 하지만 이들은 참정권이 없었고, 아티카 지방에서는 토지를 소유할 수 없었다. 이들 중 어떤 사람은 도시의 경제계에서 중요한 역할을 했으며, 매우 부유했다.

보수 제도(미스토포리아): 공직자에게 주는 보수 제도. 아테네에서 이 제도를 처음 정착시킨 사람은 페리클레스이다. 처음에는 헬리아이아 재판관들에게, 그 다음은 평의회 의원들에게 보수를 주었다. 기원전 4세기에는 민회에 참석하는 사람도 보수를 받았다. 민주정을 반대하는 사람들은 이 제도가 민중을 게으르게 만든다고 비난했다. 하지만 페리클레스는 이런 제도가 있어야 모든 시민이 도시의 공무에 참여하게 된다고 생각했다.

노모스: 법을 가리키는 말. 하지만 오늘날 우리가 생각하는 법이라는 말보다 그 의미가 더 넓었다. 이 말은 사법적·행정적 성격의 법규 외에도 사회적 관습까지 모두 포함하는 말이었다. 그리스인들은 스파르타에서 리쿠르고스나, 아테네에서 솔론에게 그렇듯이 입법자들에게 그들의 법을 창안하도록 맡겼다. 기원전 4세기 아테네에서는 새로 입안된 법안은 민회에서 표결에 부쳐졌다. 그리고 기원전 4세기에 서로 모순되는 법이 제정되는 것을 피하기 위해, 표결에 부쳐지기 전에 먼저 법안을 검토하는 기구인 법률자문위원회가 생겼다. 상위법에 모순이 되는 모든 하위법은 그 법안을 제안한 사람을 곤경에 빠뜨릴 수도 있었으며, 그는 위법 행위로 고발당할 수도 있었다.

도편 추방제(오스트라키스도스): 아테네의 개혁 정치가 클레이스테네스가 설립했다. 이 제도는 최소한 6천 명 이상의 시민이 출석한 민회에서 투표를 통하여 도시에서 위험스러운 인물로 보이는 사람들을 지명하는 것이었다. 이렇게 지명당한 사람은 10년간 추방형에 처해졌다. 도편 추방 제도는 기원전 5세기 동안 아테네에서 시행되었다. 유명한 정치가의 이름이 적힌 많은 도자기 파편들이 발견되었는데, 이 사람들은 이 제도에 의해 추방의 위협을 받거나 추방된 사람들인 것으로 추정된다.

원로원(프리타네이스): 원로원(5백인 의회)은, 한 부족의 평의회 의원 50명이 1년의 10분의 1 동안 항상 의석을 지키고 있었다. 이들은 민회를 주관하고, 매일 그들 중에서 한 명의 의장을 선출했다. 그들은 하루에 1드라크마의 보수를 받았다.

폴리테이아: 매우 광범위하게 쓰여 시민권과 동시에 정치 제도를 지칭했다. 폴리테이아를 취득한다는 의미는 시민이 된다는 의미이고, 이것을 박탈당한다는 의미는 참정권을 잃는다는 의미였다. 하지만 정치가나 웅변가가 '파트리오스 폴리테이아'라고 말할 때는 선조들의 법을 말하는 것이다.

씨족(프라트리아): 넓은 의미에서 종교적이고 가족적인 시민들의 집단을 일컬었다. 하지만 아테네에서는 시민의 공동체적인 소속을 나타내는 출생이나 결혼의 법적 문제에 있어 중요한 의미가 있었다.

군사령관(스트라테고스): 많은 도시에서 최고 군사령관은 중요한 직책이었다. 이들은 전투를 지휘했을 뿐만 아니라, 기원전 5세기말까지는 1년간 자신들을 선출해 준 도시를 통치했다. 전술이 발달함에 따라 기원전 4세기, 이들은 보다 직업적인 군사령관이 되었다. 그리고 주로 외국인 용병 부대를 지휘하게 되었다.

집단 납세(심모리스): 기원전 4세기 아테네에서 아이스포라를 같은 비율로 나누어 내던 납세자 집단. 정확히 재정 담당 행정부서가 없었다. 납세자 자신들이 세금을 거둬서 내야 했다. 아테네에는 이런 납세자 집단이 1백 개 있었다. 이런 원시적인 징세 제도는 여러 가지 어려움을 겪고 있었다. 그래서 기원전 360년대말경 '프로아이스포라(proeisphora)'가 생겨났다. 이는 각각의 납세 집단에서 가장 부유한 납세자가 집단 전체의 세금을 미리 내는 것이다.

복지 수당(테오리콘): 아테네에서 시민들에게 주는 복지 수당. 원래는 디오니소스 축제와 같은 큰 종교적 축제 때 벌어지는 연극 경연 대회를 시민들이 관람할 수 있도록 주어진 관람료였으나, 기원전 4세기 중엽부터는 빈민층의 생활 보조 수당으로 전용되었다.

부족: 그리스 사회에서 '필레(phyle)'는 같은 조상을 둔 시민들의 집단이었다. 아테네에는 4개의 부족이 있었으나, 기원전 6세기말경 영토적 경계를 중심으로 10개의 부족으로 나누어졌다. 이런 부족은 각각 연안·도시·내륙 지방 데메들의 집단이었다. 다른 도시의 부족 집단은 초기의 혈연적 성격을 고수했다.

인명록

알키비아데스: 아테네의 귀족으로 기원전 421년 니키아스 평화 협정 후 몇 년간 웅변가로 사람들의 주의를 끌었다. 시칠리아 대원정의 주요한 선동자였으나, 본인은 불경죄로 고발당해 도주하여 원정에는 참여하지 않았다. 8년 후 아테네에 돌아왔지만, 얼마 후 다시 망명길에 올랐다.

아리스토파네스: 희극 작가. 펠로폰네소스 전쟁중 상연된 연극 작품에서 클레온과 같은, 민중을 속이고 도시를 위험한 전쟁 속으로 밀어넣는 민중선동가들과 정치가들을 가차없이 비난했다.

아리스토텔레스: 그리스의 가장 위대한 철학자 중 한 사람. 기원전 4세기 중엽, 아테네에 정착하여 제자들과 함께 《정치학》 등 많은 저서를 집필했다. 오늘날 그리스의 시민과 시민권, 그밖의 아테네의 제도와 기구에 대한 중요한 지식과 정보를 그의 저술에서 얻을 수 있다.

칼리스트라토스: 기원전 4세기 초반의 아테네 정치가. 에게 해역에서 아테네가 주도권을 장악하게 했고, 아이스포라의 인상과 집단 납세 제도의 조직을 통한 개혁을 이루었다.

키몬: 아테네의 귀족. 기원전 5세기 초반 아테네의 역사를 장식한 인물. 에게 해역에서 아테네 제국이 번성하는 데 기여했다. 엄청난 부를 소유하고 있었기에 그는 민중들에게 지지를 얻었다. 하지만 페리클레스와 경쟁하다가 461년 도편 추방당했다. 몇 년 후 추

방형에서 풀려났지만 사이프러스 원정에 나가서 죽었다.

클레온: 전형적인 민중선동가. 페리클레스가 죽은 후 민회에서 큰 영향력을 발휘했다. 부유한 피혁상인이었던 그는 귀족들에게는 멸시당했지만 민중들에게 지지를 받았다. 그는 아리스토파네스의 주된 공격 대상이었다.

클레이스테네스: 명문 알크마이온 가문 출신의 아테네 귀족. 페이시스트라토스의 아들인 참주 힙피아스의 정권을 전복시켰다. 과두정에 대항하는 싸움에서 그는 민중파를 선택했다. 그는 도시에 새로운 제도를 세웠고, 도시를 영토적으로 새로이 분할하여 민주정 체제의 기반을 확립했다.

데모스테네스: 기원전 4세기 아테네의 전형적인 정치 웅변가. 마케도니아의 필리포스 왕에 대항해서 싸우는 것이 그의 주된 정치적 목표였다. 하지만 2차 해상 연합군 결성에 실패한 후, 평화를 강력히 원하는 사람들의 반대에 부딪혔다. 카이로네아 패전 이후에도 정치 활동을 계속했다. 알렉산더 대왕의 재무 장관으로부터 금품을 받았다는 이유로 도시에서는 추방되었지만, 마케도니아의 그리스 통치에 반대하는 봉기에 참여했다. 마케도니아 장군 안티파트로스가 보낸 군사에 쫓기던 도중 자살했다.

에피알테스: 클레이스테네스와 페리클레스 다음으로 아테네의 민주정을 세운 사람. 아레오파고스 법정의 거대한 권한을 분리시켜, 그것을 헬리아이아와 평의회에 주었다.

에우볼로스: 기원전 4세기 아테네에서 중요한 역할을 한 정치가였으나 잘 알려지지 않았다. 그는 '복지 수당'의 출납을 담당했다.

아테네의 패권주의적 야망에 대하여 후퇴 정책을 주장했다.

이소크라테스: 기원전 4세기 아테네의 수사학 교수. 그가 남긴 많은 글들이 당시 아테네 여론의 흐름에 대한 소중한 자료가 되고 있다. 그는 '파트리오스 데모크라티아'의 이론가였다. 그는 민중에게는 결정권과 재판권을 주고, 공직 수행에 필요한 여력이 있는 계층인 부유층에게는 행정직을 맡기는 '파트리오스 데모크라티아'를 솔론의 업적으로 돌렸다.

스파르타의 리쿠르고스: 반전설적인 입법가. 크레타의 제도를 살펴보고, 델포이의 신탁을 들은 후 스파르타의 제도와 기구를 정비했다고 한다. 토지의 공정한 분배와 군사 교육 위주의 엄격한 교육 제도를 확립했다.

아테네의 리쿠르고스: 기원전 338년 카이로네아에서 필리포스 왕에게 패배한 후 아테네에서 중요한 역할을 한 정치가. 특히 아테네의 재정 상태를 재정비했으며, 종교 제전에 예전과 같은 화려함을 되찾게 했고, '에페비아'를 진정한 의미의 군복무가 되도록 제도화했다.

페리클레스: 아테네의 가장 유명한 정치가. 15년 동안 연속적으로 최고 군사령관에 선출되었으며, 아테네의 운명을 좌지우지했다. 피디아스를 시켜 아크로폴리스를 짓게 하고, 수당 제도를 만들어 많은 시민들이 정치에 참여하도록 유도했다. 그리스 세계에서 아테네의 우위를 확보하기 위하여 펠로폰네소스 전쟁을 일으켰다. 그후 아테네를 휩쓴 페스트로 죽었다.

페이시스트라토스: 솔론이 떠난 후 아테네의 혼란을 틈타 정권을

장악한 아테네의 귀족. 도시에서 두 번이나 추방당했지만 권력을 잡았다. 그의 독재는 보수적인 노선을 지지하는 노장파들의 지지가 있어 유지되었다. 그의 통치 기간은 아테네의 급속한 발전이 이루어지고 대외 영향력이 증대했던 시기와 일치했다. 기원전 527년 그가 사망한 후, 그의 아들들은 보수 노선을 견지하지 않았다. 둘째아들이었던 힙파르코스는 기원전 514년 암살당했고, 맏아들 힙피아스는 기원전 510년 도망쳐야만 했다.

플라톤: 인류사의 가장 위대한 철학자 중 한 사람. 소크라테스의 제자로 아카데미아를 창설했다. 스승인 소크라테스를 등장시킨 그의 대화는 엄청난 문학적 가치를 지닌 작품인 동시에, 아테네 사회를 알려 주는 소중한 원천이다.

소크라테스: 아테네의 현자. 평민 출신(아버지는 조각가, 어머니는 산파)으로 아테네 거리를 돌아다니며 시민들과 대화를 주고받기를 즐겼다. 여러 제자들을 두었는데, 그 중에서 알키비아데스·플라톤·크세노폰이 유명하다. 플라톤과 크세노폰은 각각 자신들의 저술 속에 이 스승을 등장시켰다. 이 스승에 대해 그들이 각자 묘사한 이미지는 때로는 상반되기도 하지만, 그 속에는 어떤 일관성 있는 특징들이 들어 있다. 이런 특징들을 보면 소크라테스가 아테네에서 비난을 받고, 급기야 기원전 399년 사형을 받게 된 이유를 알 수 있다.

솔론: 아테네의 입법가. 기원전 594년 아르콘이 되어, 아테네 사회의 위기 상황을 해결했다. 빚을 갚기 위해 노예가 되는 법을 폐지하고, 모든 시민을 위한 공동의 법을 창안했다. 서로 상반되는 두 집단 사이에서 균형을 유지하려다가 양쪽 모두의 불만을 샀다. 하지만 기원전 4세기 민주정을 세웠고, 도시의 생활을 규율하는 대부

분의 법을 만들어 냈다.

테미스토클레스: 아테네의 정치가. 아테네 함대를 증강시키는 데 기여했다. 그 결과 아테네가 페르시아 왕 크세르크세스에 대항할 수 있었고, 기원전 480년 살라미스 해전에서 페르시아 함대를 물리쳐 승리를 거둘 수 있었다.

투키디데스: 그리스의 가장 위대한 역사가. 《펠로폰네소스 전쟁사》를 집필하여 시민들이 이 책에서 '영원한' 교훈을 얻도록 했다. 합리적 역사 기술의 선구자였던 그는 우아하면서도 힘 있는 문체를 사용하며, 중요한 웅변가들을 등장시켜 논의를 이끌어 내어 역사적 사건들을 보여 주고, 그 사건들을 논리적으로 배열했다.

크세노폰: 소크라테스의 제자. 투키디데스와 아울러 그의 저술을 통해 기원전 5세기말과 4세기초의 정치적·군사적 사건들을 알 수 있다. 지적 호기심이 강했던 그는 기원전 4세기 그리스에 관한 많은 정보를 주는 소중한 글들을 남겼다.

연대기

기원전 9세기말에서 8세기초 그리스 도시 탄생.
8세기 중엽에서 6세기 중엽 지중해역에서 그리스 세력 팽창.
  호메로스 시 탄생.
7세기 후반 스파르타법의 제정.
621년 아테네에서 드라콘법 제정.
594/3년 아테네에서 솔론의 아르콘 집정.
561/0년 페이시스트라토스의 참주정.
510년 아테네에서 참주정 몰락.
508/7년 클레이스테네스의 개혁.
499-494년 이오니아의 반란.
491-490년 1차 페르시아 전쟁. 마라톤 해전.
481-479년 2차 페르시아 전쟁. 살라미스 해전.
478/7년 아테네를 중심으로 한 델로스 동맹 결성.
464년 메세니아에서 예속 농민의 봉기.
462/1년 아테네에서 에피알테스의 개혁.
451/0년 페리클레스, 시민권에 대한 법제정.
449/8년 아테네와 페르시아 제국간 칼리아스 평화 협정.
431년 펠로폰네소스 전쟁 발발.
429년 페리클레스 사망.
421년 니키아스 평화 협정.
415-413년 시칠리아 대원정.
411년 아테네에서 4백 인의 과두정 혁명.
406년 시라쿠사에서 데뉴스의 참주정 시작.
405년 펠로폰네소스 전쟁 종식.

404-403년 아테네의 30인 정부.
399년 소크라테스 재판과 사망.
397년 스파르타에서 키나돈의 음모.
378/7년 아테네의 2차 해상 동맹 결성.
371년 렉트라 전투에서 스파르타의 패배. 메세니아 지방 상실.
359년 마케도니아에서 필리포스 왕 즉위.
357-355년 아테네와 동맹 도시들과의 전쟁. 아테네 주도권 상실.
346년 필로크라테스 평화 협정.
338년 케로네아 계곡에서 그리스군 패배.
337년 필리포스 왕의 주도하에 코린토스 연맹 결성.
336년 필리포스 왕 암살. 알렉산드로스 왕 즉위.
330년 페르시아 왕 다리우스 3세 암살과 알렉산드로스의 지배.
323년 알렉산드로스 왕 사망.
322년 데모스테네스 사망. 아테네에 납세 유권 제도 설립.

색 인

고르기아스 Gorgias 54
《고르기아스 Gorgias》 108
과두 정치 105,130
《국가 Politeia》 108,117,118
《그리스 사회와 동방
 Le Monde grec et l'Orient》 104
《기억할 만한 일들 Memorabilia》
 61,126
나비스 Nabis 53
《노동과 나날 Works and Days》 21
니키아스 Nicias 92,141,147
데메 deme 33,44,45,48,51,52,55,56,75,78,
 80,89,136,140
데메테르 Demeter 76
데모스 dēmos 136
데미스토클레스 Demistocles 89
데모스테네스 Demosthenes 92,93,94,
 96,97,99,100,101,142,148
드라콘 법전 Dracon 23
디오니시오스 Dionysios 53
디오니소스 축제 Dionysia 73,80,140
디오니소스 대축제 Great Dionysia
 75
디오도로스 시켈로스
 DiodŌros Sikelos 53,99
루셀 Roussel, D. 42
리산드로스 Lysandros 72,84
리시아스 Lysias 85
리케이온 Lykeion 120
리쿠르고스 Lycurgos 24,25,34,35,118,
 138,143
마라톤 전투 Battle of Marathon 69

메넬라오스 Menelaos 14
미스토스 misthos 65
민회(에클레시아) Ekklēsia 63,136
밀티아데스 Miliades the younger 89
《말벌들 Sphēkes》 65
《법률 Nomoi》 117,118,119,120,129
복지 수당(테오리콘) 86,140
부채 탕감 seisachtheia 111
브라시다스 Brasidas 72
《세계사 Bibliotheca historica》 99
소크라테스 Socrates 61,108,116,117,
 118,126,144,145,148
소피스트 Sophist 107,108,117
솔론 Solon 23,24,26,28,29,33,64,69,88,
 89,99,110,111,112,113,114,115,138,143,
 144,147
슐리만 Schliemann, H. 14
아가멤논 Agamemnon 14,18,33
아고라 agora 18,21,22,61,135
〈아레오파고스에 대하여〉 113,114,
 120,128
아르골리스 Argolis 13,34
아르콘 archōn 19,135,144,147
아르테미스 여신 Artemis 74,75
아리스토텔레스 Aristoteles 18,28,31,
 32,34,36,39,42,49,52,55,62,66,68,88,120,
 121,122,123,124,125,126,129,130,131,141
아리스토파네스 Aristophanes 65,76,
 87,90,108,141,142
아리스티데스 Aristides the Just 89
아스파시아 Aspasia 47
아카데미아 academia 116,144

아크로폴리스 acropolis 19,61,73,143
아킬레우스 Achileus 18
아테나 여신 Athena 32,43,73,74,75
《아테네 헌법 Constitution of Athenas》 19,20,23,26,28,29,30,34,48,55,88,110,112, 115,121
아파투리아 Apaturia 43,44
아펠라 apella 24,66
아폴론 Apolon 40,41
안도키데스 Andocides 83
안테스테리아 Anthesteria 76
안티파트로스 Antipatros 83,85,98,142
안티폰 Antiphon 108
알렉산드로스 대왕 Aléxandros Great 85,98,132
알키비아데스 Alcibiades 53,54,92,141, 144
에드 윌 Ed will 103
에우리피데스 Euripides 107
에우불리데스 Eubulides 56
〈에우불리데스에 반대함〉 56
에피알테스 Ephialtes 64,135,142,147
《역사 Historiae》 104,127
《영웅전 Bioi parallēbi》 35
오디세우스 Odysseus 14
《오디세이아 Odyssey》 14,18
《오이코노미코스 Oeconomicous》 60,77
이소크라테스 Isocrates 113,114,115, 120,128,143
《일리아스 Iliad》 14,18,34
《정치학 Politica》 36,49,52,55,62,66,68, 121,124,129,130,141
제우스 Zeus 33,43,74,80,108
카라칼라 Caracalla 133
캄비세스 2세 Cambyses II 104
크세노폰 Xenophon 60,61,66,67,68,77, 106,126,144,145
크세르크세스 Xerxes 145
클레오메네스 Cleomenes 30,53
클레온 Cleon 90,141,142
클레이스테네스 Cleisthenes 28,29,30, 32,33,41,42,43,44,52,60,63,69,89,110,112, 113,114,136,138,142,147
키몬 Cimon 46,89,141
키오스 Khios 43
테미스토클레스 Themistocles 46,145
테세우스 Theseus 107
테스모포리아 Thesmophoria 80
텔레마코스 Telemachos 18
투키디데스 Thucydides 47,53,71,79,92, 99,105,112,145
트라시마코스 Thrasymachus 108
트라시불로스 Thrasybulos 51,79
트라키아 Thracia 85,99
티노스 Tinos 43
티르타이오스 Tyrtaeos 42
파트리오스 데모크라티아 patrios democratia 113,114,124,143
파트리오스 폴리테이아 patrios politeia 109,110,111,112,113,124,139
페넬로페 Penelope 14
페르시아 전쟁 Greco-Persian Wars 69,131,147
페리클레스 Pericles 46,47,65,72,89,105, 106,107,138,141,142,143,147
페이시스트라토스 Peisistratos 26,28, 29,52,69,142,143,147
펠라타이 pelatai 23
펠로폰네소스 전쟁 Peloponnesian War 44,47,51,63,70,71,72,87,90,93,95, 105,106,109,132,136,141,143,147
《펠로폰네소스 전쟁사 History of the Peloponnesian War》 79,99,145

폴리비오스 Polybios 53,132
폴리테스 politès 37,47,48
폴리테이아 Politeia 55,86,103,104,109,
　110,111,112,113,116,124,139
프로불로이 probouloi 67
프로타고라스 Protagoras 108,109
플라톤 Platon 87,108,116,117,118,119,
　120,121,124,125,126,129,144
플루타르코스 Plutarchos 35,66,85
필레 phylè 40,51,140

필리포스 2세 Philippos II 71,92,97,98,
　120,142,143,148
헤로도토스 Herodotos 21,26,29,41,104,
　127
헤르메스 Hermes 108
헤시오도스 Hesiodos 21
헥테모로이 hectémoroi 23
헬로트 helot 24,25,38,71
호메로스 Homeros 14,15,17,18,20,
　34,147

김덕희
한국외국어대학교 불어과 졸업
프랑스 스트라스부르 2대학 불문학 박사(고전극 전공)
학위 논문: 〈코르네이유 희곡 작품에 나타난 여성상 연구〉
현재 한국외국어대학교 불어과 강사
역서: 《미래를 원한다》(東文選)

현대신서
62

고대 그리스의 시민

초판 발행 : 2002년 10월 30일

지은이 : 클로드 모세
옮긴이 : 김덕희
총편집 : 韓仁淑
펴낸곳 : 東文選

제10-64호, 78. 12. 16 등록
110-300 서울 종로구 관훈동 74번지
전화 : 737-2795

편집설계 : 李姸髩

ISBN 89-8038-148-4 04920
ISBN 89-8038-050-X (현대신서)

【東文選 現代新書】

1 21세기를 위한 새로운 엘리트	FORESEEN 연구소 / 김경현	7,000원
2 의지, 의무, 자유 — 주제별 논술	L. 밀러 / 이대희	6,000원
3 사유의 패배	A. 핑켈크로트 / 주태환	7,000원
4 문학이론	J. 컬러 / 이은경·임옥희	7,000원
5 불교란 무엇인가	D. 키언 / 고길환	6,000원
6 유대교란 무엇인가	N. 솔로몬 / 최창모	6,000원
7 20세기 프랑스철학	E. 매슈스 / 김종갑	8,000원
8 강의에 대한 강의	P. 부르디외 / 현택수	6,000원
9 텔레비전에 대하여	P. 부르디외 / 현택수	7,000원
10 고고학이란 무엇인가	P. 반 / 박범수	근간
11 우리는 무엇을 아는가	T. 나겔 / 오영미	5,000원
12 에쁘롱 — 니체의 문체들	J. 데리다 / 김다은	7,000원
13 히스테리 사례분석	S. 프로이트 / 태혜숙	7,000원
14 사랑의 지혜	A. 핑켈크로트 / 권유현	6,000원
15 일반미학	R. 카이유와 / 이경자	6,000원
16 본다는 것의 의미	J. 버거 / 박범수	10,000원
17 일본영화사	M. 테시에 / 최은미	7,000원
18 청소년을 위한 철학교실	A. 자카르 / 장혜영	7,000원
19 미술사학 입문	M. 포인턴 / 박범수	8,000원
20 클래식	M. 비어드·J. 헨더슨 / 박범수	6,000원
21 정치란 무엇인가	K. 미노그 / 이정철	6,000원
22 이미지의 폭력	O. 몽젱 / 이은민	8,000원
23 청소년을 위한 경제학교실	J. C. 드루엥 / 조은미	6,000원
24 순진함의 유혹 〔메디시스賞 수상작〕	P. 브뤼크네르 / 김웅권	9,000원
25 청소년을 위한 이야기 경제학	A. 푸르상 / 이은민	8,000원
26 부르디외 사회학 입문	P. 보네위츠 / 문경자	7,000원
27 돈은 하늘에서 떨어지지 않는다	K. 아른트 / 유영미	6,000원
28 상상력의 세계사	R. 보이아 / 김웅권	9,000원
29 지식을 교환하는 새로운 기술	A. 벵토릴라 外 / 김혜경	6,000원
30 니체 읽기	R. 비어즈워스 / 김웅권	6,000원
31 노동, 교환, 기술 — 주제별 논술	B. 데코사 / 신은영	6,000원
32 미국만들기	R. 로티 / 임옥희	근간
33 연극의 이해	A. 쿠프리 / 장혜영	8,000원
34 라틴문학의 이해	J. 가야르 / 김교신	8,000원
35 여성적 가치의 선택	FORESEEN연구소 / 문신원	7,000원
36 동양과 서양 사이	L. 이리가라이 / 이은민	7,000원
37 영화와 문학	R. 리처드슨 / 이형식	8,000원
38 분류하기의 유혹 — 생각하기와 조직하기	G. 비뇨 / 임기대	7,000원
39 사실주의 문학의 이해	G. 라루 / 조성애	8,000원
40 윤리학 — 악에 대한 의식에 관하여	A. 바디우 / 이종영	7,000원
41 흙과 재 〔소설〕	A. 라히미 / 김주경	6,000원

42. 진보의 미래	D. 르쿠르 / 김영선	6,000원
43. 중세에 살기	J. 르 고프 外 / 최애리	8,000원
44. 쾌락의 횡포·상	J. C. 기유보 / 김웅권	10,000원
45. 쾌락의 횡포·하	J. C. 기유보 / 김웅권	10,000원
46. 운디네와 지식의 불	B. 데스파냐 / 김웅권	근간
47. 이성의 한가운데에서 ─ 이성과 신앙	A. 퀴노 / 최은영	6,000원
48. 도덕적 명령	FORESEEN 연구소 / 우강택	6,000원
49. 망각의 형태	M. 오제 / 김수경	6,000원
50. 느리게 산다는 것의 의미·1	P. 쌍소 / 김주경	7,000원
51. 나만의 자유를 찾아서	C. 토마스 / 문신원	6,000원
52. 음악적 삶의 의미	M. 존스 / 송인영	근간
53. 나의 철학 유언	J. 기통 / 권유현	8,000원
54. 타르튀프 / 서민귀족 (희곡)	몰리에르 / 덕성여대극예술비교연구회	8,000원
55. 판타지 공장	A. 플라워즈 / 박범수	10,000원
56. 홍수·상 (완역판)	J. M. G. 르 클레지오 / 신미경	8,000원
57. 홍수·하 (완역판)	J. M. G. 르 클레지오 / 신미경	8,000원
58. 일신교 ─ 성경과 철학자들	E. 오르티그 / 전광호	6,000원
59. 프랑스 시의 이해	A. 바이양 / 김다은·이혜지	8,000원
60. 종교철학	J. P. 힉 / 김희수	10,000원
61. 고요함의 폭력	V. 포레스테 / 박은영	8,000원
62. 고대 그리스의 시민	C. 모세 / 김덕희	7,000원
63. 미학개론 ─ 예술철학입문	A. 셰퍼드 / 유호전	10,000원
64. 논증 ─ 담화에서 사고까지	G. 비뇨 / 임기대	6,000원
65. 역사 ─ 성찰된 시간	F. 도스 / 김미겸	7,000원
66. 비교문학개요	F. 클로동·K. 아다-보트링 / 김정란	8,000원
67. 남성지배	P. 부르디외 / 김용숙·주경미	9,000원
68. 호모사피언스에서 인터렉티브인간으로	FORESEEN 연구소 / 공나리	8,000원
69. 상투어 ─ 언어·담론·사회	R. 아모시·A. H. 피에로 / 조성애	9,000원
70. 촛불의 미학	G. 바슐라르 / 이가림	근간
71. 푸코 읽기	P. 빌루에 / 나길래	근간
72. 문학논술	J. 파프·D. 로쉬 / 권종분	8,000원
73. 한국전통예술개론	沈雨晟	10,000원
74. 시학 ─ 문학 형식 일반론 입문	D. 퐁텐느 / 이용주	8,000원
75. 《시민 케인》	L. 멀비 / 이형식	근간
76. 동물성 ─ 인간의 위상에 관하여	D. 르스텔 / 김승철	6,000원
77. 랑가쥬 이론 서설	L. 옐름슬레우 / 김용숙·김혜련	10,000원
78. 잔혹성의 미학	F. 토넬리 / 박형섭	9,000원
79. 문학 텍스트의 정신분석	M. J. 벨멩-노엘 / 심재중·최애영	9,000원
80. 무관심의 절정	J. 보드리야르 / 이은민	8,000원
81. 영원한 황홀	P. 브뤼크네르 / 김웅권	9,000원
82. 노동의 종말에 반하여	D. 슈나페르 / 김교신	6,000원
83. 프랑스영화사	J. -P. 장콜 / 김혜련	근간

84 조와(弔蛙)	金敎臣 / 노치준·민혜숙	8,000원
85 역사적 관점에서 본 시네마	J. -L. 뢰트라 / 곽노경	8,000원
86 욕망에 대하여	M. 슈벨 / 서민원	8,000원
87 산다는 것의 의미·1—여분의 행복	P. 쌍소 / 김주경	7,000원
88 철학 연습	M. 아롱델-로오 / 최은영	8,000원
89 삶의 기쁨들	D. 노게 / 이은민	6,000원
90 이탈리아영화사	L. 스키파노 / 이주현	8,000원
91 한국문화론	趙興胤	10,000원
92 현대연극미학	M. -A. 샤르보니에 / 홍지화	8,000원
93 느리게 산다는 것의 의미·2	P. 쌍소 / 김주경	7,000원
94 진정한 모럴은 모럴을 비웃는다	A. 에슈고엔 / 김웅권	8,000원
95 한국종교문화론	趙興胤	10,000원
96 근원적 열정	L. 이리가라이 / 박정오	9,000원
97 라캉, 주체 개념의 형성	B. 오질비 / 김 석	9,000원
98 미국식 사회 모델	J. 바이스 / 김종명	7,000원
99 소쉬르와 언어과학	P. 가데 / 김용숙·임정혜	10,000원
100 철학적 기본 개념	R. 페르버 / 조국현	8,000원
101 철학자들의 동물원	A. L. 브라쇼파르 / 문신원	근간
102 글렌 굴드, 피아노 솔로	M. 슈나이더 / 이창실	7,000원
103 문학비평에서의 실험	C. S. 루이스 / 허 종	근간
104 코뿔소〔희곡〕	E. 이오네스코 / 박형섭	8,000원
105《제7의 봉인》비평연구	E. 그랑조르주 / 이은민	근간
106《쥘과 짐》비평연구	C. 르 베르 / 이은민	근간
107 경제, 거대한 사탄인가?	P. -N. 지로 / 김교신	7,000원
108 딸에게 들려 주는 작은 철학	R. 시몬 셰퍼 / 안상원	7,000원
109 도덕에 관한 에세이	C. 로슈·J. -J. 바레르 / 고수현	6,000원
110 프랑스 고전비극	B. 클레망 / 송민숙	8,000원
111 고전수사학	G. 위딩 / 박성철	근간
112 유토피아	T. 파코 / 조성애	7,000원
113 쥐비알	A. 자르댕 / 김남주	7,000원
114 증오의 모호한 대상	J. 아순 / 김승철	8,000원
115 개인—주체철학에 대한 고찰	A. 르노 / 장정아	7,000원
116 이슬람이란 무엇인가	M. 루스벤 / 최생열	8,000원
117 간추린 서양철학사·상	A. 케니 / 이영주	근간
118 간추린 서양철학사·하	A. 케니 / 이영주	근간
119 느리게 산다는 것의 의미·3	P. 쌍소 / 김주경	7,000원
120 문학과 정치 사상	P. 페티티에 / 이종민	8,000원
121 하느님의 가장 아름다운 이야기	A. 보테르 外 / 주태환	근간
122 시민 교육	P. 카니베즈 / 박주원	9,000원
123 스페인영화사	J- C. 스갱 / 정동섭	근간
124 포켓의 형태	J. 버거 / 이영주	근간
125 내 몸의 신비—세상에서 가장 큰 기적	A. 지오르당 / 이규식	7,000원

126 세 가지 생태학	F. 가타리 / 윤수종	근간
127 모리스 블랑쇼에 대하여	E. 레비나스 / 박규현	근간
128 작은 사건들	R. 바르트 / 김주경	근간
129 번영의 비참	P. 브뤼크네르 / 이창실	근간
130 무사도란 무엇인가	新渡戶稻造 / 沈雨晟	7,000원

【東文選 文藝新書】

1 저주받은 詩人들	A. 뻬이르 / 최수철·김종호	개정근간
2 민속문화론서설	沈雨晟	40,000원
3 인형극의 기술	A. 훼도토프 / 沈雨晟	8,000원
4 전위연극론	J. 로스 에반스 / 沈雨晟	12,000원
5 남사당패연구	沈雨晟	10,000원
6 현대영미희곡선(전4권)	N. 코워드 外 / 李辰洙	절판
7 행위예술	L. 골드버그 / 沈雨晟	절판
8 문예미학	蔡 儀 / 姜慶鎬	절판
9 神의 起源	何 新 / 洪 熹	16,000원
10 중국예술정신	徐復觀 / 權德周 外	24,000원
11 中國古代書史	錢存訓 / 金允子	14,000원
12 이미지 — 시각과 미디어	J. 버거 / 편집부	12,000원
13 연극의 역사	P. 하트놀 / 沈雨晟	절판
14 詩 論	朱光潛 / 鄭相泓	9,000원
15 탄트라	A. 무케르지 / 金龜山	10,000원
16 조선민족무용기본	최승희	15,000원
17 몽고문화사	D. 마이달 / 金龜山	8,000원
18 신화 미술 제사	張光直 / 李 徹	10,000원
19 아시아 무용의 인류학	宮尾慈良 / 沈雨晟	절판
20 아시아 민족음악순례	藤井知昭 / 沈雨晟	5,000원
21 華夏美學	李澤厚 / 權 瑚	15,000원
22 道	張立文 / 權 瑚	18,000원
23 朝鮮의 占卜과 豫言	村山智順 / 金禧慶	15,000원
24 원시미술	L. 아담 / 金仁煥	16,000원
25 朝鮮民俗誌	秋葉隆 / 沈雨晟	12,000원
26 神話의 이미지	J. 캠벨 / 扈承喜	근간
27 原始佛敎	中村元 / 鄭泰爀	8,000원
28 朝鮮女俗考	李能和 / 金尙憶	24,000원
29 朝鮮解語花史(조선기생사)	李能和 / 李在崑	25,000원
30 조선창극사	鄭魯湜	7,000원
31 동양회화미학	崔炳植	18,000원
32 性과 결혼의 민족학	和田正平 / 沈雨晟	9,000원
33 農漁俗談辭典	宋在璇	12,000원
34 朝鮮의 鬼神	村山智順 / 金禧慶	12,000원
35 道敎와 中國文化	葛兆光 / 沈揆昊	15,000원

36	禪宗과 中國文化	葛兆光 / 鄭相泓·任炳權	8,000원
37	오페라의 역사	L. 오레이 / 류연희	절판
38	인도종교미술	A. 무케르지 / 崔炳植	14,000원
39	힌두교의 그림언어	안넬리제 外 / 全在星	9,000원
40	중국고대사회	許進雄 / 洪 熹	22,000원
41	중국문화개론	李宗桂 / 李宰碩	15,000원
42	龍鳳文化源流	王大有 / 林東錫	25,000원
43	甲骨學通論	王宇信 / 李宰碩	근간
44	朝鮮巫俗考	李能和 / 李在崑	20,000원
45	미술과 페미니즘	N. 부루드 外 / 扈承喜	9,000원
46	아프리카미술	P. 윌레뜨 / 崔炳植	절판
47	美의 歷程	李澤厚 / 尹壽榮	22,000원
48	曼荼羅의 神들	立川武藏 / 金龜山	19,000원
49	朝鮮歲時記	洪錫謨 外/李錫浩	30,000원
50	하 상	蘇曉康 外 / 洪 熹	절판
51	武藝圖譜通志 實技解題	正 祖 / 沈雨晟·金光錫	15,000원
52	古文字學첫걸음	李學勤 / 河永三	14,000원
53	體育美學	胡小明 / 閔永淑	10,000원
54	아시아 美術의 再發見	崔炳植	9,000원
55	曆과 占의 科學	永田久 / 沈雨晟	8,000원
56	中國小學史	胡奇光 / 李宰碩	20,000원
57	中國甲骨學史	吳浩坤 外 / 梁東淑	35,000원
58	꿈의 철학	劉文英 / 河永三	22,000원
59	女神들의 인도	立川武藏 / 金龜山	19,000원
60	性의 역사	J. L. 플랑드렝 / 편집부	18,000원
61	쉬르섹슈얼리티	W. 챠드윅 / 편집부	10,000원
62	여성속담사전	宋在璇	18,000원
63	박재서희곡선	朴栽緖	10,000원
64	東北民族源流	孫進己 / 林東錫	13,000원
65	朝鮮巫俗의 硏究(상·하)	赤松智城·秋葉隆 / 沈雨晟	28,000원
66	中國文學 속의 孤獨感	斯波六郎 / 尹壽榮	8,000원
67	한국사회주의 연극운동사	李康列	8,000원
68	스포츠인류학	K. 블랑챠드 外 / 박기동 外	12,000원
69	리조복식도감	리팔찬	절판
70	娼 婦	A. 꼬르벵 / 李宗旼	22,000원
71	조선민요연구	高晶玉	30,000원
72	楚文化史	張正明 / 南宗鎭	26,000원
73	시간, 욕망, 그리고 공포	A. 코르뱅 / 변기찬	18,000원
74	本國劍	金光錫	40,000원
75	노트와 반노트	E. 이오네스코 / 박형섭	절판
76	朝鮮美術史硏究	尹喜淳	7,000원
77	拳法要訣	金光錫	20,000원

78	艸衣選集	艸衣意恂 / 林鍾旭	14,000원
79	漢語音韻學講義	董少文 / 林東錫	10,000원
80	이오네스코 연극미학	C. 위베르 / 박형섭	9,000원
81	중국문자훈고학사전	全廣鎭 편역	23,000원
82	상말속담사전	宋在璇	10,000원
83	書法論叢	沈尹默 / 郭魯鳳	8,000원
84	침실의 문화사	P. 디비 / 편집부	9,000원
85	禮의 精神	柳肅 / 洪熹	20,000원
86	조선공예개관	沈雨晟 편역	30,000원
87	性愛의 社會史	J. 솔레 / 李宗旼	18,000원
88	러시아미술사	A. I. 조토프 / 이건수	22,000원
89	中國書藝論文選	郭魯鳳 選譯	25,000원
90	朝鮮美術史	關野貞 / 沈雨晟	근간
91	美術版 탄트라	P. 로슨 / 편집부	8,000원
92	군달리니	A. 무케르지 / 편집부	9,000원
93	카마수트라	바짜야나 / 鄭泰爀	10,000원
94	중국언어학총론	J. 노먼 / 全廣鎭	18,000원
95	運氣學說	任應秋 / 李宰碩	8,000원
96	동물속담사전	宋在璇	20,000원
97	자본주의의 아비투스	P. 부르디외 / 최종철	6,000원
98	宗敎學入門	F. 막스 뮐러 / 金龜山	10,000원
99	변 화	P. 바츨라빅크 外 / 박인철	10,000원
100	우리나라 민속놀이	沈雨晟	15,000원
101	歌訣(중국역대명언경구집)	李宰碩 편역	20,000원
102	아니마와 아니무스	A. 융 / 박해순	8,000원
103	나, 너, 우리	L. 이리가라이 / 박정오	12,000원
104	베케트연극론	M. 푸크레 / 박형섭	8,000원
105	포르노그래피	A. 드워킨 / 유혜련	12,000원
106	셸 링	M. 하이데거 / 최상욱	12,000원
107	프랑수아 비용	宋 勉	18,000원
108	중국서예 80제	郭魯鳳 편역	16,000원
109	性과 미디어	W. B. 키 / 박해순	12,000원
110	中國正史朝鮮列國傳(전2권)	金聲九 편역	120,000원
111	질병의 기원	T. 매큐언 / 서 일 · 박종연	12,000원
112	과학과 젠더	E. F. 켈러 / 민경숙 · 이현주	10,000원
113	물질문명 · 경제 · 자본주의	F. 브로델 / 이문숙 外	절판
114	이탈리아인 태고의 지혜	G. 비코 / 李源斗	8,000원
115	中國武俠史	陳 山 / 姜鳳求	18,000원
116	공포의 권력	J. 크리스테바 / 서민원	23,000원
117	주색잡기속담사전	宋在璇	15,000원
118	죽음 앞에 선 인간(상 · 하)	P. 아리에스 / 劉仙子	각권 8,000원
119	철학에 대하여	L. 알튀세르 / 서관모 · 백승욱	12,000원

120 다른 곳	J. 데리다 / 김다은·이혜지	10,000원
121 문학비평방법론	D. 베르제 外 / 민혜숙	12,000원
122 자기의 테크놀로지	M. 푸코 / 이희원	16,000원
123 새로운 학문	G. 비코 / 李源斗	22,000원
124 천재와 광기	P. 브르노 / 김응권	13,000원
125 중국은사문화	馬 華·陳正宏 / 강경범·천현경	12,000원
126 푸코와 페미니즘	C. 라마자노글루 外 / 최 영 外	16,000원
127 역사주의	P. 해밀턴 / 임옥희	12,000원
128 中國書藝美學	宋 民 / 郭魯鳳	16,000원
129 죽음의 역사	P. 아리에스 / 이종민	18,000원
130 돈속담사전	宋在璇 편	15,000원
131 동양극장과 연극인들	김영무	15,000원
132 生育神과 性巫術	宋兆麟 / 洪 熹	20,000원
133 미학의 핵심	M. M. 이턴 / 유호전	14,000원
134 전사와 농민	J. 뒤비 / 최생열	18,000원
135 여성의 상태	N. 에니크 / 서민원	22,000원
136 중세의 지식인들	J. 르 고프 / 최애리	18,000원
137 구조주의의 역사(전4권)	F. 도스 / 이봉지 外	각권 13,000원
138 글쓰기의 문제해결전략	L. 플라워 / 원진숙·황정현	20,000원
139 음식속담사전	宋在璇 편	16,000원
140 고전수필개론	權 瑚	16,000원
141 예술의 규칙	P. 부르디외 / 하태환	23,000원
142 "사회를 보호해야 한다"	M. 푸코 / 박정자	20,000원
143 페미니즘사전	L. 터틀 / 호승희·유혜련	26,000원
144 여성심벌사전	B. G. 워커 / 정소영	근간
145 모데르니테 모데르니테	H. 메쇼닉 / 김다은	20,000원
146 눈물의 역사	A. 벵상뷔포 / 이자경	18,000원
147 모더니티입문	H. 르페브르 / 이종민	24,000원
148 재생산	P. 부르디외 / 이상호	18,000원
149 종교철학의 핵심	W. J. 웨인라이트 / 김희수	18,000원
150 기호와 몽상	A. 시몽 / 박형섭	22,000원
151 융분석비평사전	A. 새뮤얼 外 / 민혜숙	16,000원
152 운보 김기창 예술론연구	최병식	14,000원
153 시적 언어의 혁명	J. 크리스테바 / 김인환	20,000원
154 예술의 위기	Y. 미쇼 / 하태환	15,000원
155 프랑스사회사	G. 뒤프 / 박 단	16,000원
156 중국문예심리학사	劉偉林 / 沈揆昊	30,000원
157 무지카 프라티카	M. 캐넌 / 김혜중	25,000원
158 불교산책	鄭泰爀	20,000원
159 인간과 죽음	E. 모랭 / 김명숙	23,000원
160 地中海(전5권)	F. 브로델 / 李宗旼	근간
161 漢語文字學史	黃德實·陳秉新 / 河永三	24,000원

번호	제목	저자/역자	가격
162	글쓰기와 차이	J. 데리다 / 남수인	28,000원
163	朝鮮神事誌	李能和 / 李在崑	근간
164	영국제국주의	S. C. 스미스 / 이태숙·김종원	16,000원
165	영화서술학	A. 고드로·F. 조스트 / 송지연	17,000원
166	美學辭典	사사키 겡이치 / 민주식	22,000원
167	하나이지 않은 성	L. 이리가라이 / 이은민	18,000원
168	中國歷代書論	郭魯鳳 譯註	25,000원
169	요가수트라	鄭泰爀	15,000원
170	비정상인들	M. 푸코 / 박정자	25,000원
171	미친 진실	J. 크리스테바 外 / 서민원	25,000원
172	디스탱숑(상·하)	P. 부르디외 / 이종민	근간
173	세계의 비참(전3권)	P. 부르디외 外 / 김주경	각권 26,000원
174	수묵의 사상과 역사	崔炳植	근간
175	파스칼적 명상	P. 부르디외 / 김웅권	22,000원
176	지방의 계몽주의	D. 로슈 / 주명철	30,000원
177	이혼의 역사	R. 필립스 / 박범수	25,000원
178	사랑의 단상	R. 바르트 / 김희영	근간
179	中國書藝理論體系	熊秉明 / 郭魯鳳	23,000원
180	미술시장과 경영	崔炳植	16,000원
181	카프카 — 소수적인 문학을 위하여	G. 들뢰즈·F. 가타리 / 이진경	13,000원
182	이미지의 힘 — 영상과 섹슈얼리티	A. 쿤 / 이형식	13,000원
183	공간의 시학	G. 바슐라르 / 곽광수	근간
184	랑데부 — 이미지와의 만남	J. 버거 / 임옥희·이은경	근간
185	푸코와 문학 — 글쓰기의 계보학을 향하여	S. 듀링 / 오경심·홍유미	근간
186	각색, 연극에서 영화로	A. 엘보 / 이선형	16,000원
187	폭력과 여성들	C. 도펭 外 / 이은민	18,000원
188	하드 바디 — 할리우드 영화에 나타난 남성성	S. 제퍼드 / 이형식	18,000원
189	영화의 환상성	J. -L. 뢰트라 / 김경온·오일환	18,000원
190	번역과 제국	D. 로빈슨 / 정혜욱	16,000원
191	그라마톨로지에 대하여	J. 데리다 / 김웅권	근간
192	보건 유토피아	R. 브로만 外 / 서민원	근간
193	현대의 신화	R. 바르트 / 이화여대기호학연구소	20,000원
194	중국회화백문백답	郭魯鳳	근간
195	고서화감정개론	徐邦達 / 郭魯鳳	근간
196	상상의 박물관	A. 말로 / 김웅권	근간
197	부빈의 일요일	J. 뒤비 / 최생열	22,000원
198	아인슈타인의 최대 실수	D. 골드스미스 / 박범수	근간
199	유인원, 사이보그, 그리고 여자	D. 해러웨이 / 민경숙	25,000원
200	공동생활 속의 개인주의	F. 드 생글리 / 최은영	근간
201	기식자	M. 세르 / 김웅권	24,000원
202	연극미학 — 플라톤에서 브레히트까지의 텍스트들	J. 셰레 外 / 홍지화	근간
203	철학자들의 신(전2권)	W. 바이셰델 / 최상욱	근간

204 고대세계의 정치	M. I. 포리 / 최생열		근간
205 카프카의 고독	M. 로베르 / 이창실		근간
206 문화 학습 — 실천적 입문서	J. 자일즈·T. 미들턴 / 장성희		근간
207 호모 아카데미쿠스	P. 부르디외 / 임기대		근간
208 朝鮮槍棒敎程	金光錫		40,000원
209 자유의 순간	P. M. 코헨 / 최하영		16,000원
210 밀교의 세계	鄭泰爀		16,000원
211 토탈 스크린	J. 보드리야르 / 배영달		19,000원
212 영화와 문학의 서술학	F. 바누아 / 송지연		근간
213 텍스트의 즐거움	R. 바르트 / 김희영		15,000원
214 영화의 직업들·1	B. 라트롱슈 / 김경온·오일환		근간
215 영화의 직업들·2	B. 라트롱슈 / 김경온·오일환		근간

【기 타】

모드의 체계	R. 바르트 / 이화여대기호학연구소	18,000원
라신에 관하여	R. 바르트 / 남수인	10,000원
說 苑 (上·下)	林東錫 譯註	각권 30,000원
晏子春秋	林東錫 譯註	30,000원
西京雜記	林東錫 譯註	20,000원
搜神記 (上·下)	林東錫 譯註	각권 30,000원
경제적 공포〔메디시스賞 수상작〕	V. 포레스테 / 김주경	7,000원
古陶文字徵	高 明·葛英會	20,000원
古文字類編	高 明	절판
金文編	容 庚	36,000원
고독하지 않은 홀로되기	P. 들레름·M. 들레름 / 박정오	8,000원
그리하여 어느날 사랑이여	이외수 편	4,000원
딸에게 들려 주는 작은 지혜	N. 레흐레이트너 / 양영란	6,500원
노력을 대신하는 것은 없다	R. 쉬이 / 유혜련	5,000원
미래를 원한다	J. D. 로스네 / 문 선·김덕희	8,500원
사랑의 존재	한용운	3,000원
산이 높으면 마땅히 우러러볼 일이다	유 향 / 임동석	5,000원
서기 1000년과 서기 2000년 그 두려움의 흔적들	J. 뒤비 / 양영란	8,000원
서비스는 유행을 타지 않는다	B. 바게트 / 정소영	5,000원
선종이야기	홍 희 편저	8,000원
섬으로 흐르는 역사	김영희	10,000원
세계사상	창간호~3호: 각권 10,000원 / 4호: 14,000원	
십이속상도안집	편집부	8,000원
어린이 수묵화의 첫걸음(전6권)	趙 陽 / 편집부	각권 5,000원
오늘 다 못다한 말은	이외수 편	7,000원
오블라디 오블라다, 인생은 브래지어 위를 흐른다	무라카미 하루키 / 김난주	7,000원
인생은 앞유리를 통해서 보라	B. 바게트 / 박해순	5,000원
잠수복과 나비	J. D. 보비 / 양영란	6,000원

■ 천연기념물이 된 바보	최병식	7,800원
■ 原本 武藝圖譜通志	正祖 命撰	60,000원
■ 隸字編	洪鈞陶	40,000원
■ 테오의 여행 (전5권)	C. 클레망 / 양영란	각권 6,000원
■ 한글 설원 (상·중·하)	임동석 옮김	각권 7,000원
■ 한글 안자춘추	임동석 옮김	8,000원
■ 한글 수신기 (상·하)	임동석 옮김	각권 8,000원

【이외수 작품집】

■ 겨울나기	창작소설	7,000원
■ 그대에게 던지는 사랑의 그물	에세이	7,000원
■ 꿈꾸는 식물	장편소설	7,000원
■ 내 잠 속에 비 내리는데	에세이	7,000원
■ 들 개	장편소설	7,000원
■ 말더듬이의 겨울수첩	에스프리모음집	7,000원
■ 벽오금학도	장편소설	7,000원
■ 장수하늘소	창작소설	7,000원
■ 칼	장편소설	7,000원
■ 풀꽃 술잔 나비	서정시집	4,000원
■ 황금비늘 (1·2)	장편소설	각권 7,000원

【조병화 작품집】

■ 공존의 이유	제11시집	5,000원
■ 그리운 사람이 있다는 것은	제45시집	5,000원
■ 길	애송시모음집	10,000원
■ 개구리의 명상	제40시집	3,000원
■ 꿈	고희기념자선시집	10,000원
■ 따뜻한 슬픔	제49시집	5,000원
■ 버리고 싶은 유산	제 1시집	3,000원
■ 사랑의 노숙	애송시집	4,000원
■ 사랑의 여백	애송시화집	5,000원
■ 사랑이 가기 전에	제 5시집	4,000원
■ 남은 세월의 이삭	제 52시집	6,000원
■ 시와 그림	애장본시화집	30,000원
■ 아내의 방	제44시집	4,000원
■ 잠 잃은 밤에	제39시집	3,400원
■ 패각의 침실	제 3시집	3,000원
■ 하루만의 위안	제 2시집	3,000원

東文選 現代新書 98

미국식 사회 모델

쥐스탱 바이스

김종명 옮김

미국 (똑)바로 알기! 미국은 이제 단지 전세계의 모델이 아니다. 미국은 이미 세계 그 자체이다. 현재와 같은 군사적·문화적·경제적 반식민 상태에서 우리가 미국을 제대로 바라볼 수 있을까? 우리는 미국을 얼마나 알고 있으며, 또 한국과 미국의 비교는 가능한가? 한편으로는 대북 문제에서부터 금메달 및 개고기 문제에 이르기까지, 다른 한편으로는 병역기피성 미국시민권 취득에서부터 미국 가서 아이낳기 붐에 이르기까지, 사사건건 구겨진 자존심에 감정적으로 대응해서야 어찌 미국을 제대로 알 수 있겠는가.

본서는 구소련의 붕괴 이후 자유주의 모델의 국가들 중에서 다른 어떤 나라들보다도 더 보편성을 추구하였고, 그래서 전인류에게 모범이 될 만한 사회·정치를 포괄하는 하나의 체계, 즉 완비된 모델을 제시하려고 노력하는 미국과 프랑스를 비교·분석하고 있다.

유럽의 계몽주의에 뿌리를 둔 미국과 프랑스의 보편주의는 미국과 구소련 사이의 대립 앞에서 오랫동안 인식되지 못했으나, 냉전이 끝난 오늘날에는 이 둘의 차이가 새삼스레 부각되고 있다. 한때 그 역사적 몰락이 예고되었다고 믿었던 미국의 힘이 1980년대말 이래로 전세계에 그 광휘를 드러내고 있으며, 이전의 그 어느때보다도 더욱 전세계에 그들의 행동 양식과 경제에 대한 가르침을 주려는 기세이다. 이와 달리 연합된 유럽을 대표하는 프랑스식 모델은 거의 배타적으로 영향력을 행사하는 미국식 모델 때문에 점점 외부로의 영향력을 상실하고 있고, 내적으로도 그 정체성을 잃어가고 있다.

바로 이런 시점에서 본서는 유럽의 견유주의를 대표하는 프랑스식 모델과 윌슨주의를 표방하는 미국식 모델이 정치적·경제적·사회적 측면에서 어떻게 다른지를 비교·분석해 주고 있다.

東文選 現代新書 40

윤리학

알랭 바디우

이종영 옮김

이 세계가 나에게 부과하는, 그리고 준수할 것을 요구하는 그러한 윤리가 아니라, 내가 이 세계에 맞서 싸우고자 할 때 지녀야 할 '나 자신의' 윤리란 어떠한 것일까? 그러나 이 세계가 나에게 부과하는 '윤리'가 과연 엄격한 의미에서의 윤리일 수 있을까?

이데올로기로서의 윤리에 대한 부정만으로는 충분치 않다. 이데올로기로서의 윤리에 맞서 싸우는 해방적 실천, 그 자체가 새로운 윤리학에 의해 지탱되어야만 하는 것이다. 여기서 새롭게 제시하고 있는 윤리는, 해방적 정치·학문·예술·애정에 있어서의 혁명적 투사들을 위한 윤리이다. '인권의 윤리'와 '차이의 윤리'를 비판하고 있는 이 책의 1장과 2장은 프랑스적 맥락에 위치하고 있다. 바디우는 이른바 '인권의 윤리'와 '차이의 윤리'를 제국주의 국가로서 프랑스의 위선과 결부짓고 있는 것이다.

존중받아야 하는 것은 각자의 개별성이지 문화적 또는 사회적 차이가 아니다. 그리고 각자의 개별성은 오로지 인간적 동일성이라는 보편성에 토대해서만 존중받을 수 있는 것이다. 보편성에 토대한 개별성에 대한 존중은 사회적·문화적으로 매개된 특수성과는 결단코 대립되는 것이다. 특수성은 항상 배제와 차별을 내포하고 있다. 그리고 프랑스에서의 '차이의 윤리'는 그러한 특수성에 일정하게 입각하고 있는 것이다.

東文選 現代新書 35

여성적 가치의 선택

포르셍 연구소
문신원 옮김

여성적인 가치들은 어떤 것인가? 그 가치들은 남성적인 가치들의 평가절하를 의미하는가, 아니면 반대로 새로운 공유 가치체계의 도래를 의미하는가? 이 새로운 가치체계는 정치적인 태도를 심오하게 변형시킬 것인가? 남성적인 가치들이 강하게 침투해 있는 기업에서는 어떤 문화적 혁명을 겪게 될 것인가?

여기에서 말하는 여성적 가치들이란 남자 혹은 여자라는 구체적인 개인들을 가리키는 것이 아니라 원리들, 사회적 혹은 개인적인 기능의 모델들과 구조들, 판단과 결정의 기준들, 우리가 '남성적인' 혹은 '여성적인'이라고 규정지을 수 있는 행동들과 행위들을 말하는 것이다.

본서는 169년의 전통을 자랑하는 프랑스 유수의 커뮤니케이션 그룹인 아바스(Havas)의 포르셍 연구소에서 21세기를 대비해 펴낸 미래 예측보고서 중의 하나이다. 전세계 63개국에 걸친 연구원들의 활동을 바탕으로 현재 우리 사회에서 태동하여 미래에 결정적인 역할을 하게 될 사회학적 움직임들을 세계적인 차원에서 깊숙이 파악하고 있다.

본서는 권력 행사, 기업 경영, 과학, 기술 마케팅, 커뮤니케이션에 관한 여성적 가치의 실제적 파급효과에 관한 매우 중요한 지표들을 제공하고 있어, 각계의 지도자들은 물론 방면의 종사자들에게 반드시 일독을 권할 만한 책이다.

東文選 現代新書 58

일신교
—— 성경과 철학자들

에드몽 오르티그
전광호 옮김

신이란 무엇인가? 신이란 숭배(혹은 경배) 행위의 대상이자 동시에 계시의 핵이다. 하나의 종교는 다음과 같은 이중 구심점을 가진다. 신성을 향한 인간의 숭배와 신이 인간에게 자신의 뜻을 알리는 신호, 즉 신성 의례와 신탁(神託)이 바로 그것이다.

칸트 이후로 신은 오로지 각 개인의 도덕적 신앙 안에서만 정체를 확인할 수 있게 되면서 이 시대에는 각자 '내가 믿는 것'에 대한 전도자가 된다. 저자는 성경과 철학을 비교 연구하면서, 유일신 탐구에 각각의 고유한 갈래인 역사와 형이상학을 비교 조망하고 있다.

인간은 어떻게 유일신만을 숭배하게 되었는가? 그리고 또 모든 다른 신의 존재를 부정하게 되었는가? 왜 일신교가 한 민족신을 숭배하는 데 집착하게 되었는가? 이 책은 일신교의 기원에 대한 역사 비평의 주요 결과를 소개하고, 또 어떻게 해서 우리 종교가 성서적 전통과 헬레니즘적 전통을 동시에 물려받는지에 대해서 설명하고 있다.

저자 에드몽 오르티그는 현재 프랑스 여러 대학의 명예교수로서 종교에 관한 여러 권의 책을 쓴 바 있다.

東文選 現代新書 31

프랑스 대학입학자격시험 대비 주제별 논술

노동, 교환, 기술

베아트리스 데코사
신은영 옮김

만일 철학이 우리 생활의 기쁨뿐만 아니라, 빈곤과 피곤의 무게를 감당할 수 없다면, 실상 이 철학은 단 한 시간의 노력을 기울일 만한 가치도 없을 것이다. 철학자가 별이 점점이 박힌 모자를 쓴 약장수는 아니지만, 또한 철학자도 추워서 빵 굽는 오븐 곁에 몸을 녹이는 사람이지만, 그는 사유에 의거해 무엇인가 신선한 것, 즉 노동의 진리와 교환의 진리, 기술의 진리 같은 진리를 발현시키는 것으로 자신의 긍지를 삼을 수 있을 것이다.

노동은 권리인가, 아니면 구속인가? 노동에 의한 소외와 실업에 의한 소외 사이의 절충점을 생각해 볼 수 있을 것인가?

임금을 지급함으로써 노동의 산물을 얻어내고, 또 그렇게 받은 임금을 주고 그 노동의 산물을 얻는 식으로 해서, 교환의 고리는 부조리한 방식으로 끊임없이 재형성되고 있는 것 같다. 사회를 재화의 유통으로 환원시킬 수 있을 것인가? 인간은 기술에 의해 구원을 얻을 것인가?

베아트리스 데코사는 이 책에서 이같은 사회적 현실에 대해 간결하고도 엄정한 질문을 던지고 있다. 그것이 논술 형태로 다루어져 있는 바, 고등학교 3학년 학생들은 여기서 자신의 사고를 자극할 만한 무언가를 찾을 수 있을 것이다.

東文選 現代新書 87

산다는 것의 의미 · 1
— 여분의 행복

피에르 쌍소 / 김주경 옮김

"삶을 어떻게 살아야 하는가?"라는 물음에 대한 해답찾기!!!

인생을 살 만큼 살아본 사람만이 이에 대한 대답을 할 수 있을 것이다. 영원한 것은 아무것도 없고, 변화 또한 피할 수 없다. 한 해의 시작을 앞둔 우리들에게 피에르 쌍소는 "인생이라는 다양한 길들에서 만나게 되는 예기치 않은 상황들을 대비할 수 있도록 도덕적 혹은 철학적인 성찰, 삶의 단편들, 끔찍한 가상의 이야기와 콩트, 이 세상에서 벌어지고 있는 참을 수 없는 일들에 대한 분노의 외침, 견디기 힘든 세상을 조금이라도 견딜 만하게 만들기 위한 사랑에의 호소 등등 여러 가지를 이 책 속에 집어넣어 보았다"는 소회를 전하고 있다. 노철학자의 삶에 대한 깊은 성찰이 고목의 나이테처럼 더없이 선명하게 다가온다.

변화를 사랑하고, 기다릴 줄 알고, 바라보는 법을 배우고, 자기 자신에게 인내를 가질 수 있게 하는 이 책《산다는 것의 의미》는, 앞서의 두 권보다 문학적이며 읽는 재미 또한 뛰어나다. 죽어 있는 것 같은 시간들이 빈번히 인생에 가장 충만한 삶을 부여하듯 자신의 내부의 작은 목소리에 귀기울이게 하고, 그 소리를 신뢰케 만드는 것이 책의 장점이다.

진정한 삶, 음미할 줄 아는 삶을 살고, 내심이 공허한 사람이 되지 않도록 우리의 약한 삶을 보호할 줄 알며, 그 삶을 사랑하게 만드는 것이 피에르 쌍소의 힘이다.

이 책을 읽어 나가는 동안 우리는 의미 없이 번쩍거리기만 하는 싸구려 삶을 단호히 거부하고, 자기 자신에게로 돌아와 찬찬히 들여다볼 수 있는 시간을 갖게 될 것이다. 그리고 자신만의 희망적인 삶의 방법을 건져올릴 수 있을 것이다.

東文選 現代新書 16

딸에게 들려 주는 작은 철학

롤란트 시몬 셰퍼
안상원 옮김

★독일 청소년 저작상 수상(97)
★청소년을 위한 좋은 책(99, 한국간행물윤리위원회)

작은 철학이 큰사람을 만든다. 아이들과 철학을 이야기하는 것이 요즘 유행처럼 되었다. 아이들에게 철학을 감추지 않는 것, 그것은 분명히 옳은 일이다. 세계에 대한 어른들의 질문이나 아이들의 질문들은 종종 큰 차이가 없으며, 철학은 여기에 답을 줄 수 있다. 이 작은 책은 신중하고 재미있게, 그러면서도 주도면밀하게 철학의 질문들에 대답해 준다.

이 책의 저자 시몬 셰퍼 교수는 독일의 원로 철학자이다. 그가 원숙한 나이에 철학에 대한 깊은 이해를 가지고 자신의 딸이거나 손녀로 가정되고 있는 베레니케에게 대화하듯 철학 이야기를 들려 주고 있다. 만약 그 어려운 수수께끼를 설명한다면 어떻게 할 것인가를 모형적으로 제시하고 있다.

철학은 우리의 구체적인 삶과 멀리 떨어져 있는 삶이 아니다. 우리가 사용하고 있는 말이란 무엇이며, 안다는 것은 무엇인가. 세계와 자연, 사회와 도덕적 질서, 신과 인간의 의미는 무엇인가 등 철학적 사유의 본질적 테마들로 모두 아홉 개의 장으로 나누어 이야기하고 있다. 쉽게 서술되었지만 내용은 무게를 가지고 있어서 중·고등학생뿐만 아니라 대학생과 성인들에게 철학에 대한 평이한 길라잡이가 될 것이다.

東文選 現代新書 116

이슬람이란 무엇인가
(옥스퍼드대학 입문총서)

맬리스 루스벤

최생열 옮김

　이슬람은 뉴스에서 종종 그것의 가장 호전적인 측면으로 널리 알려져 있지만, 비무슬림 세계인 중 이슬람의 본질을 제대로 이해하는 사람은 드물다.
　루스벤의 매우 간략한 이슬람 소개서는 시아파·수니파·와하브파와 같은 이슬람 종파들간에 극복하기 어려운 커다란 차이가 존재하는 이유에 관한 논쟁점들, 그리고 이슬람 생활에서 샤리아(이슬람 법)가 차지하는 중심적 위치에 대한 본질적 통찰력을 담고 있다. 그것은 또한 현 시대 문제들에 대한 신선한 조망을 제공해 준다: 왜 지금 악에 대한 투쟁보다 이슬람 적들에 대한 대지하드(성전)가 벌어지고 있는가? 이슬람 사회에서 여성은 성취 의식을 갖고 있는가? 무슬림은 근대 세계에 직면하여 어떻게 적응해 나가야 하는가?
　그는 명쾌하게 그리고 직선적으로 주요 논제들을 제시하고, 주제들에 대한 여러 형태의 고정 관념들과 논쟁점들을 냉철하게 분석했으며, 독자들로 하여금 근본주의에 대한 현안적 논쟁들을 분명히 인식하도록 이끈다.

　맬리스 루스벤은 이슬람 문제 전문가로서, 애버딘 대학교에서 비교종교를 강의하고 있다. 그의 저술 중에는 《세계 속의 이슬람》《신성한 슈퍼마켓: 미국에서 신을 쇼핑하기》 등이 있다.

귀신부리는 책
혼백론

인류 최초로 공개되는
혼백론(魂魄論), 귀신론(鬼神論)

만약 귀신(鬼神)이 없었다면, 신(神)이 없었다면 인류 문명은 지금 어떤 모습일까? 귀(鬼)는 무엇이고, 신(神)은 무엇인가? 인간의 정신(精神)은? 그리고 혼백은? 혼(魂)과 백(魄)은 같은가, 다른가? 영혼(靈魂), 혼령(魂靈), 심령(心靈), 정령(精靈)… 다 그게 그건가? 초문명의 시대, 이런 것 하나 제대로 정리도 안해 놓고 천당이니 지옥이니, 윤회니 해탈이니 하면서 무조건 엎드리라고만 하는데 과연 믿어도 될까? 혼백과 귀신을 모르고는 그 어떤 종교도 철학도 진리(지혜)에 이를 수 없다.

인간은 자신을 속이는 유일한 동물이다. 인간에겐 '헛것'이 가장 크고, '없는 것'이 가장 무겁다. 버리기 전에는 절대 못 느낀다. 그렇지만 '있는 것'은 버려도 '없는 것'은 못 버리는 게 인간이다. 수행은 그 '없는 것'을 버리는 일이다.

본서는 특정한 종교나 방술, 신비주의를 선전코자 쓴 책이 아니다. 오로지 건강한 육신에 건강한 영혼이 깃든다는 명제 아래 유사 이래 인간이 궁금해하던 것, 오해하고 있던 오만가지 수수께끼들을 과학적이고 논리적인 관점에서 풀어냈는데, 이미 많은 독자들이 "왜 진즉에 이 생각을 못했을까!"하고 탄식을 하였다. 더하여 수행자는 물론 일반인의 건강과 치매 예방을 위해 사색산책법, 호보(虎步), 축지법(縮地法), 박타법(拍打法) 등 갖가지 무가(武家)와 도가(道家)의 비전 양생법들도 최초로 공개하였다. 이제까지 아무도 말해 주지 않았던 비밀한 이야기들로 한 꼭지 한 꼭지 수행자나 탐구자들이 일생을 통해 좇아다녀도 얻을 수 있을까말까 하는 산지혜들이다. 문명의 탄생 이래 인류가 감춰야만 했던 엄청 불편한 진실 앞에 '천기누설'이란 단어를 절로 떠올리게 된다.

東 文 選

신성대 지음/ 상·하 각권 19,000원/ 전국서점 판매중

이 들어온 유명한 답변 중 하나는 '행복'은 우리에게 목표가 되고, 스 원천이 된다. 브뤼크네르는 그러한 유하기 위해 이 책을 썼다. 프랑스 사를 보낸 이 책은 사실상 석 달 가 프랑스를 '들었다 놓은' 철학 에세

죠?"라고 묻는 인사말에도 상대에게 쉬고 있다. 당신은 행복을 숭배하고 고 있는 집단적 마취제다. 당신은 인 리다. 그 뿌리는 결코 짧지 않는다. ·의 의무'로부터 해방될 것이고, 행복 이다.

! 안락을 제안한다. '행복은 어림치고 이다. 현대인들의 '저속한 허식'인 행 건져내라. 그때 '빛나지도 계속되지도 〔음'이 당신을 따뜻이 안아 줄 것이다.

현석학과 문호들을 풍부하게 인용하는 끝에 맛을 느끼게 해줄 듯 명징하게 떠 오르는 탁월한 비유 문장들은 이 책을 오래오래 되읽고 싶은 욕심을 갖게 한다. 독자들께 권해 드린다. — 조선일보, 2001. 11. 3.

東文選 現代新書 21

정치란 무엇인가

케네스 미노그
이정철 옮김

사람들은 자기 주장을 위해 피를 흘리고 죽어간다. 정치는 우리가 살아가는 이러한 일상의 세계를 어렵게나마 지탱하는 것이다. 그리고 자신의 경험을 세계관, 학문적 지평, 감각, 가치, 통치권, 문화 등등으로 해체하는 철학자들은 우리가 살아가는 바로 그 일상세계를 파괴한다. 정치란 인간 삶의 총체적 구성 틀을 유지하는 활동이다. 물론 그것이 삶 그 자체는 아니다. 정치활동은 전적으로 영웅적 행위와 이중성으로 가득 찬 인간의 삶이다. 정치활동이 어떤 것인가를 알기 위해서는, 그것이 시공에 따라 얼마나 다양할 수 있는가를 깨달아야 한다.

정치라는 것은 복잡하면서도 논쟁적인 현상이기 때문에 나무만 보고 숲을 놓치기 쉽다. 이 입문서에서 케네스 미노그는 정치의 다양한 차원을 단일한 초점에 맞춰 분석해 낸다. 그는 민주주의를 향한 일상적 노고와 자유·정의 같은 매력적인 대이상(大理想) 모두에 대해 빠짐없이 토론한다. 그의 글은 국내 정치과정을 끌어들이는 만큼이나 국제관계 문제에 정통하고, 플라톤이나 마키아벨리와 같은 사상가들의 위대한 정치 고전을 다루면서도, 다른 한편으로 현시대의 이슈들에 소홀하지 않는다. 무엇보다도 그는 오랜 세월에 걸친 정치 이념의 전환을 가능케 한 바로 그 변화과정을 그려내고 있다. 그의 결론은 우리 문명의 심장부에 내재해 온 자유와 전제주의간의 심오한 긴장을 마침내 드러내 놓았다. 이 명료하고 기지가 번뜩이는 저서는 정치를 이해하고자 하는 사람이라면 누구라도 감히 무시할 수 없는 안내서이다.

東文選 現代新書 6

유대교란 무엇인가

노먼 솔로몬
최창모 옮김

 이 책은 국내에서는 거의 처음으로 소개되는 유대교에 관한 체계적인 입문서이다. 지금까지 몇몇 이야기 형식의 비체계적인 글과 책이 국내 학자들에 의해 쓰여진 바는 있었으나, 유대인이 쓴 유대교에 관한 체계적인 스터디 북은 이번이 처음이다.

 영국 옥스퍼드대학교의 히브리·유대학 연구소에서 현대 유대사상을 강의하는 노먼 솔로몬 교수의 이 작은 책은 유대인의 입장에서 유대교의 실체를 밝히고 있다. 그는 '유대교가 바라보는 기독교'나 '기독교가 바라보는 유대교'는 진정한 의미에서 오랜 역사적 과정에서 축적된 문화적 찌꺼기 혹은 편견 위에서 논의될 수밖에 없음을 전제하면서, 두 종교 사이의 역사적 연속성과 불연속성을 동시에 인정하는 입장에 서 있다. 다시 말해서 그는 두 종교 사이에 존재하는 관계의 역사적 필연성과 그 과정에서 싹터 자라온 눈먼 비극적 경험을 바탕으로 누가 유대인이며, 무엇이 유대교인가를 유대인의 시각에서 설명함으로써 역사·신학적인 오해를 씻어 보려고 애쓰고 있다.

소설로 읽는 세계의 종교와 문명

테오의 여행 (전5권)

카트린 클레망 / 양영란 옮김

★ 세계 각국 청소년 추천도서
★ 이달의 청소년 도서 (대한출판문화협회)
★ 98 올해의 좋은 책 (전국언론노동조합연맹)
★ 99 좋은 책 100선 (중앙일보사)

마음을 열고 영혼을 진정시켜 주는 책!
세상 끝까지 따라가는 엄청난 즐거움!
세계의 문명에 눈뜨게 해주는 책!
큰사람으로 만들어 주는 신의 선물!

열네 살짜리 소년을 동행한 신화와 제식의 세계 여행. 불치의 병에 걸린 주인공 테오는 '지상의 수많은 사람들이 어떻게 신을 믿고 있는가?'에 대해 이해하려고 끊임없이 놀라워하면서 질문한다. 또한 독자들을 '신비의 세계, 보편주의의 세계와 종교의식의 세계'로 안내하면서 '순진한 아이'의 역할을 충실히 해낸다. '하늘과 땅을 연결시키기 위해' 인간들이 구축해 놓은 세계 곳곳의 성소들을 찾아 나서, 온갖 종교의 성자들과 친구들을 만난다. 그리고 그들이 '무엇을, 왜 믿는가'를 우리에게 들려 준다. 마침내 여행이 끝나면 우리는 '종교의 역사는 관용의 역사이기도 하다'라는 말을 이해하게 되고, 세계의 문명에 대한 균형된 시각을 가지게 될 것이다. 또한 짚더미에서 보석을 찾는 것처럼 세상의 모든 것들 속에 존재하는 '진실의 알곡'을 찾을 수 있다는 것도 배우게 될 것이다. 다시 말해 "야유하지 말고, 한탄하지 말며, 악담하지 말라. 하지만 이해하려고 노력하라"고 한 스피노자의 말이 우리의 것이 될 터이다.

《르몽드》

東文選 現代新書 20

클래식

메리 비어드 • 존 헨더슨
박범수 옮김

우리는 고전시대의 세계를 오늘날의 우리들이 가지고 있는 도덕관과 미학에 따라 판단해야 할 것인가? 고전시대 자체가 가지고 있는 독자적인 가치는 무엇인가? 왜 고전시대 세계는 그토록 오랜 세월 동안 영구불변의 영향력을 지녀왔는가? 그래서 고전이 우리 시대의 문화 · 정치 · 연극 · 건축 · 언어, 그리고 문학에 미친 영향은 무엇인가?

고전학에 대한 이 간략한 입문서는 쓸쓸한 산허리에 자리잡고 있는, 유령이라도 나올 듯한 옛 신전을 고대 그리스의 영광과 로마의 장대함에, 그리고 제퍼슨과 바이런에서 아스테릭스와 벤허에 이르기까지, 현대 문명 속에 존재하는 고전시대와 연결시키고 있다.

조각상과 노예제도, 신전과 비극, 박물관, 대리석 조각품, 그리고 신화. 흥미를 자극하는 이 고전 연구 입문서는 그 안에 담겨진 다양한 제재에 대해 우리가 가질 수 있는 궁금증을 풀어 주는 한편, 이 저술의 특징이 되고 있는 두드러진 열정과 즐거움을 통해 독자를 그 안으로 끌어들이고 있다. 이 책은 현재 이용할 수 있는 것으로는 최신판이며, 가장 손쉽게 넣을 수 있는 고전학 입문서이다. 이 책은 모든 학생, 그리고 고대 세계가 찬란하게 펼쳐졌던 그 땅을 향하는 모든 여행자의 손에 들려져 있어야 할 그런 책이다.

東文選 現代新書 100

철학적 기본 개념

라파엘 페르버

조국현 옮김

우리는 모두 철학을 가지고 있다. 철학의 싹이 우리 속에 있기 때문에 우리는 철학을 할 수 있다. 물론 보편 정신의 철학은 발전되지 못했을 뿐만 아니라 때때로 잘못되어 있다. 이러한 사실을 놓고 볼 때 철학 외적인 입장이 아닌 철학적 입장에서 철학을 교정할 수 있다는 점이 중요하다. 우리는 철학을 밖에서 바라보기 위해 철학 밖으로 나갈 수 없다. 마찬가지로 우리 일상철학의 옳고 그름을 판단할 수 있는 척도를 제시할 특정한 관점을 얻으려고 철학 밖으로 나갈 수도 없다. 보편 정신은 오히려 스스로 이러한 척도를 세워야 하며, 자가 교정을 위한 요소들을 자신으로부터 찾아내야 한다. 여기에 딱 들어맞는 말이 있다. 언어에 대해서 말하기 위한 언어 밖의 관점이 존재하지 않는 것처럼 철학에 대해서 철학하기 위한 철학 밖의 관점이 존재하지 않는다. 철학 밖에 철학적 입장이 존재하지 않는다는 점에서 철학하기의 필연성이 도출된다. 아리스토텔레스는 다음과 같은 딜레마를 통해 철학하기의 필연성을 역설한다. 철학을 할 필요가 없다는 것을 증명하려면 철학을 해야 한다. 따라서 인간은 어떤 경우에도 철학을 해야 한다.

이 책은 철학을 공부하는 학생과 철학에 흥미를 느끼는 일반인을 위한 작은 사고력 훈련 학교이다. 저자는 철학적 기본 개념인 '철학' '언어' '인식' '진리' '존재' 그리고 '선'의 세계로 독자를 안내한다. 저자는 철학의 내용·방법 그리고 철학적 요구의 문제에 대해서 알기 쉬우면서도 수준 높게 접근한다. 이 책은 철학 입문서이며, 동시에 새로운 관점에서 플라톤 철학과 분석 철학을 결합시키려고 시도하는 저자의 체계적인 사고 과정을 보여 준다.

東文選 現代新書 43

중세에 살기

자크 르 고프

최애리 옮김

  엘로이즈와 아벨라르의 정열적이고도 비극적인 이야기는 12세기초의 프랑스 사회가 지니고 있던 모순들을 잘 보여 준다. 신화가 되어 버린, 하지만 그 역사적 실재에 대해 더 이상 이의를 제기할 수 없는 이 두 인물은, 가족과 결혼과 교회가 부과하는 제약들에 맞서서 수도원에 들어가는 것밖에 달리 선택의 여지가 없었다.

  중세 내내 유령들은 산 자들을 따라다녔다. 왕을 놀래켜 개혁을 요구하기 위해서나, 아니면 그저 일개인으로 하여금 자신에 대한 좋은 기억을 상기하게 하기 위해서나, 유령은 어디에나 있었다. 교회는 그런 이야기들을 퍼뜨리는 데에 앞장섰으니, 안식하지 못하는 이 망자들은 상당한 수입원이 되었기 때문이다.

  금지된 사랑, 금지된 성, 유령과 교회, 사랑과 돈, 줄무늬 옷의 유래, 중세의 매춘부, 망자들의 미사는 수입의 원천, 별볼일 없는 성전기사단, 수도원장의 축재법, 거세당한 아벨라르, 최고의 구경거리 사형, 고리대금업자의 저주받은 삶…… 등 20개 항목에 걸친 짧고 감칠맛나는 글들이 서양 중세에 관한 입문서로서뿐만 아니라 여가의 읽을 거리로도 부담없이 재미있게 읽힌다.

  비록 일반인들을 위해 쉽고 재미있게 씌어진 글이기는 하나 매 항목마다 사학계의 권위있는 학자들이 집필하여 결코 그 깊이가 덜하지 않다.

東文選 現代新書 14

사랑의 지혜

알랭 핑켈크로트
권유현 옮김

　수많은 말들 중에서 주는 행위와 받는 행위, 자비와 탐욕, 자선과 소유욕을 동시에 의미하는 낱말이 하나 있다. 사랑이라는 말이다. 그러나 누가 아직도 무사무욕을 믿고 있는가? 누가 무상의 행위를 진짜로 존재한다고 생각하는가? '근대'의 동이 터오면서부터 도덕을 논하는 모든 계파들은 어느것을 막론하고 무상은 탐욕에서, 또 숭고한 행위는 획득하고 싶은 욕망에서 유래한다는 설명을 하고 있다.

　이 책에서 묘사하는 사랑의 이야기는 타자와 나 사이의 불공평에서 출발한다. 즉 사랑이란 타자가 언제나 나보다 우위에 놓이는 것이며, 끊임없이 나에게서 도망가는 타자로부터 나는 도망가지 못하는 것이다. 그리고 사랑의 지혜란 이 알 수 없고 환원되지 않는 타자의 얼굴에 다가가기 위해 애쓰는 것이다. 저자는 이 책에서 남녀간의 사랑의 감정에서 출발하여 타자의 존재론적인 문제로, 이어서 근대사의 비극으로 그의 철학적 성찰을 이끌어 가기 때문이다. 그러나 우리가 이웃에 대한 사랑을 이상적인 영역으로 내쫓는다고 해서, 현실을 더 잘 생각한다는 법은 없다. 오히려 우리는 타인과의 원초적 관계를 이해하기 위해서, 또 그것에서 출발하여 사랑의 감정뿐 아니라 다른 사람에 대한 미움의 감정까지도 이해하기 위해서, 유행에 뒤진 이 개념, 소유의 이야기와는 또 다른 이야기를 필요로 할 수 있다.

　알랭 핑켈크로트는 엠마뉴엘 레비나스의 작품에 영향을 받아서 근대가 겪은 엄청난 집단 체험과 각 개인이 살아가면서 맺는 '타자'와의 관계에 대해서 계속해서 질문을 던진다. 이것은 철학임에 틀림없다. 그렇기는 하지만 구체적인 인물에 의해 이야기로 꾸민 철학이다. 이 책은 인간에 대한 인식의 수단으로 플로베르·제임스, 특히 프루스트를 다루며, 이들의 현존하는 문학작품에 의해 철학을 이야기로 꾸며 나간다.

東文選 現代新書 109

도덕에 관한 에세이

크리스티앙 로슈 外
고수현 옮김

 전쟁, 학살, 시체더미들, 멈출 줄 모르는 인간 사냥, 이보다 더 끔찍한 것은 살인자들이 살인을 자행하면서 느끼는 불온한 쾌감, 희생자가 겪는 고통 앞에서 느끼는 황홀감이다. 인간은 처벌의 공포만 사라지면 악행에서 쾌락을 얻는다.
 공민 교육이라는 구실하에 학교에서 도덕을 가르치는 것에 대해 찬성해야 할까, 반대해야 할까?
 도덕은 가르칠 수 있는 것일까? 도덕은 무엇을 근거로 세워진 것인가? 도덕의 가치를 어떻게 정의내릴 수 있을까?
 세계화라는 강요된 대세에 눌린 우리 시대, 냉혹한 자유 경제 논리에 가정이 짓밟히는 듯한 느낌이 점점 고조되는 이때에 다시금 도덕적 데카당스를 비난하는 목소리가 높아지고 있다. 물론 여기에는 파시스트적인 질서를 바라는 의심스러운 분노도 뒤섞여 있다. 또한 다른 사람들에 대한 온화한 존경심에서 우러나온 예의 범절이라는 규범적인 이상을 꿈꾸면서 금기와 도덕 규범으로 되돌아갈 것을 요구하는 사람도 있고, 교훈적인 도덕의 이름을 내세우며 강경한 억압책에 호소하는 사람들도 있다.
 하지만 어떻게 억지로, 혹은 도덕 강의로 도덕적 위기에 의해 붕괴되어 가는 가정 속에서 잘못된 삶을 사는 청소년들을 '일으켜 세울' 수 있다고 생각할 수 있는가? 도덕이라는 현대적 변명은 그 되풀이되는 시도 및 협정과 더불어, 단순히 담론적인 덕을 통해 사회 문제를 해결하지 못하는 모종의 무능력함을 몰아내고자 하는 것은 아닐까?

東文選 現代新書 34

라틴 문학의 이해

자크 가야르

김교신 옮김

  그 기원에서부터 안토니누스 왕조의 몰락까지, 엔니우스에서 아풀레이우스까지, 라틴 문학은 힘차게 도약하고 자기를 주장하고 걸작들을 만들어 낸다. 그처럼 오랜 문학 창작의 세월은 우리에게 시간의 강을 거슬러 올라갈 것을 요구한다. 그것은 또한 우리가 형식·장르·기호의 독창성에 관해 자문할 것도 요구한다. 역사에 관해서도, 지식에 관해서도, 이 텍스트들은 어떤 상황을 필요로 한다. 오늘날 이 텍스트들을 읽을 것인가?

  서구 문학(혹은 현대 문학)의 뿌리인 라틴 문학은 17세기 서구인들에겐 친숙했고, 17세기의 교양 있는 사람들은 모두 그 시대의 언어와 문학을 용이하게 다루었다. 그러나 오늘날에는 소수의 라틴어 학자를 제외하고는 라틴어로 된 라틴 문학을 읽을 사람은 많지 않다. 어떤 영화적 사건, 어떤 연극의 재상연 또는 갑작스런 유행은 한번의 관심을 불러일으킬 수 있지만, 대체로 라틴어로 된 위대한 작가들의 위대한 작품들은 여전히 대중들에겐 접근하거나 이해하기 어려운 영역으로 남아 있다. 오늘날의 현대 문화는 이들을 다시 부활시키지는 못할 것이다. 그러나 문학 창작과 사상사의 형식에 관한 성찰을 포함하는 연구의 틀 안에서 우리는 이 값진 유산에 한 자리를 마련해 주어야 할 것이다.

  본서는 일반인 또는 대학초년생들에게 라틴 문학에 대한 독서를 도울 수 있는 정보를 상당히 총괄적으로 제공함으로써 그들의 접근을 용이하게 해주기 위해 씌어졌다.